"一带一路"背景下基于5G+VR的汉语言文化传播路径研究

李辉熠　王　涛　谢景伟　著

中南大学出版社
www.csupress.com.cn
·长沙·

前言

PREFACE

汉语言文化有着五千多年的悠久历史,随着"一带一路"倡议的不断深入推进,语言作为文化的载体,发挥着越来越重要的作用。中华文化博大精深,语言表达丰富,但这也给汉语言学习者增加了语言学习的难度。当前,汉语言文化的国际传播面临着空间传播受限、文化差异明显、语言环境复杂多变、师资力量不足、现代化教学手段应用不足和传播载体有限等诸多问题。如今,以5G和VR技术为代表的数字化技术,在渠道、内容、终端、营销、用户等方面对传统媒体进行了全新的体系化构建。5G网络为VR/AR技术提供了必要的传播条件,而基于VR的汉语言资源设计与开发也为汉语言文化教学的创新提供了重要支撑,为汉语言学习者带来了沉浸式传播体验。"一带一路"背景下基于5G+VR技术的汉语言文化传播需要语言教育工作者转变思维,充分运用新兴现代教学手段和技术来推动教学改革,在交融互动中提高自身专业素养,不断提升汉语言文化国际传播能力。

本书从"一带一路"背景下汉语言文化传播的概念与特征入手,总结了"一带一路"背景下汉语言文化传播的现状与困境、机遇与挑战。此外,本书还基于5G+VR技术探讨了汉语言文化传播方式方法的革新,从基于

1

5G+VR 技术的汉语言文化传播创新模式的构建、基于 5G+VR 技术的汉语言文化资源开发与应用这两个方面逐层分析了“一带一路”背景下基于 5G+VR 技术的汉语言文化传播策略，以期为新时代背景下的汉语言文化传播研究提出可行性建议。

本书是湖南省 2019 年度语言文字应用研究专项课题“‘一带一路’背景下基于虚拟现实的中华经典汉语教学资源开发与应用研究”（课题编号：XYJ2019GB26）的研究成果之一，可供汉语国际传播、对外汉语教学、VR 资源开发研究等领域的人员参考。

由于时间仓促，加之笔者水平有限，本书难免有不足之处，欢迎各界专家和读者朋友批评指正。

目　录
CONTENTS

第一章

"一带一路"背景下的
汉语言文化国际传播

语言作为文化的重要组成部分，是一个国家文化深度的展现，也是一个民族身份的重要象征。语言文化的传承与发展，不仅可以有效增强国民对国家与民族的认同感，还可以在对外输出的过程中塑造良好的民族文化形象，并以此增强国家的文化软实力。2013年9月至10月，习近平主席在访问哈萨克斯坦和东盟时分别提出建设"丝绸之路经济带"和"21世纪海上丝绸之路"的合作倡议，向世界发出共建"一带一路"的倡议。"一带一路"倡议是"对古丝绸之路的传承和提升，顺应了时代要求和各国加快发展的愿望，提供了一个包容性巨大的发展平台，具有深厚历史渊源和人文基础"。"一带一路"倡议强调共商、共建、共享的平等互利的方式，追求的是沿线各国政策沟通、设施联通、贸易畅通、资金融通、民心相通。加快"一带一路"建设，有助于加强不同文明交流互鉴，促进世界和平发展。"一带一路"倡议不仅倡导中国与沿线国家在经济贸易方面互惠互利，还倡导中国与其他不同文明、文化交流互鉴。在国与国之间，文化的交流不是单线的，而是双线互惠的；不是单向的，而是双向的；也不是平面或二维的，而是立体的，甚至是多维的；不是文化入侵和渗透，而是在平等互利基础上的文化共融与共享。

1.1 "一带一路"倡议与汉语言文化国际传播的互动关系

　　"一带一路"倡议作为我国重大举措,肩负着实现祖国伟大复兴和推动沿线各国走向共同繁荣的重要历史使命。在"一带一路"倡议背景下实施中国文化的对外传播,是推动"一带一路"沿线国家进行文化交流合作、促进文化价值认同的必由之路。

　　汉语言文化国际传播是指在世界各国对中文需求的基础上,汉语言文化遵循传播规律从中国走向世界。汉语言文化的传播历史最早可追溯到 2000 多年前《周礼》及《礼记》,而真正意义上的外国人到中国学习中文和中华文化,则始于汉朝,兴盛于唐朝,明清时期也曾出现过热潮。今天,在"一带一路"倡议不断推进的背景下,语言作为文化的载体,发挥着越来越重要的作用。共建"一带一路"的基本理念顺应了世界多极化、经济全球化、文化多元化、社会信息化发展的潮流。语言不仅是民族凝聚力和创造力的重要源泉,还是综合国力竞争的重要因素,更是加强不同文明对话和文化交流与传播的基础。

1.1.1 "一带一路"倡议拓宽了汉语言文化国际传播平台

　　21 世纪以来,国际经济形势发生了许多新的变化:全球经济开始复苏回暖,以数字化等高新技术为依托的新经济开始崛起;国际经贸投资格局发生变化以及多边投资贸易规则开始施行等。国内的经济发展形势也呈现出了一些新特点:新经济格局下,新旧经济动能转化问题成为焦点;国民经济增长速度放缓;环境效益和生态环境保护成为经济发展不可触碰的红线;区域经济协调发展面临困难等。在这样的经济贸易格局下,各国面临的发展压力都非常大,呈现出难得的历史机遇与严峻的挑战并存的局面。从全球经济发展的角度来看,要想把握机遇、面对挑战,最重要的是要加强国家之间的合作与交流,通过资源的优化整合来实现共同发展。其中，区域合作是一种应用比较广泛、实施效果比较好的跨国经贸和文化交流的合作方式。

在这样的发展环境下，习近平主席高瞻远瞩，在 2013 年提出了"一带一路"倡议，给中亚、东南亚、南亚、西亚及非洲等地区的国家与中国共同发展经济，进行文化和政治交流提供了机会。这一倡议旨在充分依靠中国与相关国家在经贸、文化方面的双多边合作机制，充分发挥当前已有区域合作平台的效应，积极利用古代丝绸之路的文化符号，以践行和平发展为旗帜，积极推进"一带一路"沿线国家的合作与交流，构建稳固、健康的经贸合作伙伴关系，以此打造在政治上相互信任、文化上相互包容、经贸合作上相互融合的利益共同体和命运共同体。2015 年，"一带一路"正式建设实施，并形成落地性的政治文件，各参与国也正式付诸行动，积极参与其中，共建 21 世纪的丝绸之路。

"一带一路"建设需要语言铺路。"政策沟通、设施联通、贸易畅通、资金融通和民心相通"是"一带一路"建设的主要内容，语言相通则是根本保障。2017 年 5 月上映的央视纪录片《你好，一带一路》记录了"一带一路"沿线国家和人民对汉语学习的需求。"一带一路"倡议为汉语的国际推广提供了新思路、新要求和新目标。以中亚国家为例，中亚国家在用工政策上有严格限制，坚持二八定律，即 10 名员工中，属地国的员工要占到 8 名。这样的用工比例势必促使更多的本地员工学习汉语。"一带一路"的经贸合作对本土高水平翻译人才的培养和能使用汉语的专业人才的储备有大量需求。截至 2020 年底，世界各国学习和使用汉语的人数已近 2 亿人，中国以外正在学习汉语的人数约有 2500 万人，已有 180 多个国家和地区的 4000 多所高校、3 万多所中小学、4.5 万多所华文学校和培训机构开设了汉语课程，70 个国家将汉语纳入国民教育体系。"十三五"期间全球 4000 万人次参加 HSK（汉语水平考试）、YCT（中小学汉语考试）等国际汉语水平考试。2021 年 1 月 25 日，中文正式成为世界旅游组织的官方语言。国家的高度重视和"一带一路"建设的现实需求这两个因素的共同作用，拓宽了汉语言文化传播平台。

1.1.2 "一带一路"倡议加大了汉语言文化国际传播力度

"一带一路"倡议的合作发展理念要求语言先行。语言是文化的重要载体,语言与文化密不可分,相互依赖,相互影响。加大汉语言文化国际传播力度,有利于世界各国民众深入理解中华文化,正确理解"一带一路"倡议。汉语言文化国际传播不仅推动语言教育本身发展,更是通过语言交流实现文化互通,增进彼此的了解和信任。"一带一路"倡议促进了中国与"一带一路"沿线国家的合作,汉语言文化国际传播借助"一带一路"倡议加大力度,既培养高质量的语言人才,又培育更多知华、友华的文化使者,从而助力"一带一路"倡议的推行。此外,由于逆全球化思潮的涌动和背后推手的干扰,一些国家尤其是个别西方大国凭借其媒介传播体系,有意歪曲甚至是刻意抹黑"一带一路"倡议,戴着有色眼镜看待中国的汉语言文化国际传播,这在一定程度上也提醒我们必须正视国家文化软实力建设的外部环境,进一步加大汉语言文化传播力度。

1.1.3 "一带一路"倡议促使汉语言文化国际传播能力提升

随着"一带一路"倡议的提出,中国文化对外传播机制发生了一系列变化,对外传播的各个环节也表现出了全新的特征。在信息化时代背景下,传统主流媒体与智库联结更加紧密,中国网民正成为不断崛起的全新传播力量,海外传播力量更是日益壮大,对外传播主体也日益多元化。"一带一路"作为饱含中华民族智慧及大国责任感的国家倡议,对我国文化对外传播理念提出进一步要求的同时也起到了巨大的引领作用,多样化的对外传播理念正在不断涌现。此外,"一带一路"倡议的推广更需要中国文化对外传播能力的进一步提升,建立特色化的对外文化传播路径,这是当下对外传播的重要任务。只有充分了解"一带一路"倡议下中国文化对外传播的发展状况和特征,消除文化对外传播困境,推动"一带一路"倡议对外传播发展的前进方向才会更加清晰。

汉语言文化国际传播面临着传播空间受限、文化差异明显、语言环境复杂多变、师资力量不足、现代化教学手段应用不足和传播载体有限等诸多问题。汉语言文化国际传播应不断探索如何梳理正确的文化传播观念、讲好中国故事、提升国际话语权，采用多元的文化教学模式以进一步适应“一带一路”倡议的发展需求，各美其美，美美与共。同时，汉语言文化有着五千多年的悠久历史，中华文化博大精深，语言表达丰富，也给沿线国家的汉语言学习者增加了语言学习的难度。这就需要语言教育工作者转变思维，充分运用现代教学手段和技术来推动教学改革，在交融互动中增强自身的专业素养，不断提升汉语言文化国际传播能力。

1.2 汉语言文化国际传播的主要模式

1.2.1 孔子学院模式

创办孔子学院是解决我国文化走向世界过程中的语言障碍的一种方式，也是我国文化走向世界的一种独特而重要的组织形式。随着中国综合国力的增强与国际地位的提高，国际交流与合作的日益深入，汉语越来越受到各国政府、各跨国公司、国外教育机构及国外大学生的关注，全球"汉语热"高潮迭起。可以说，孔子学院是"汉语热"全球升温的结果，它的诞生与兴起为中国文化的对外传播与交流开辟了一条新的途径。同时，孔子学院的建立促进了汉语在国际上的普及，增强了中国与世界各国人民的文化交流，有利于中国走向世界，也有利于世界更好地了解中国。

孔子学院是中外联合创办的非营利性教育机构，其建立目的在于为世界各国提供汉语言文化学习的平台，为发展中国与世界其他国家的友好合作关系，增进世界各国人民对中国语言、中国文化的理解，提供方便、优良的学习条件，促进世界各国友好往来和文化多元发展。孔子学院开展中文教学和中外教育、文化等方面的交流与合作，所提供的服务包括：开展中文教学；培训中文教师，提供中文教学资源；开展中文考试和中文教师资格认证；提供中国教育、文化等信息咨询；开展中外语言文化交流活动。各地孔子学院凭借独具特色的运行机制和办学模式，培养了众多热爱中文和中国文化的外国友人，吸引了一批又一批的优秀学者，成为汉语言文化国际传播最具代表性的机构。中国国际中文教育基金会负责研究提出全球孔子学院和国际中文教育发展愿景，制定孔子学院品牌标准和规范，授权设立孔子学院和孔子课堂，评估孔子学院和孔子课堂办学质量。孔子学院作为中国在国家层面设立的国际传播机构，在实现汉语言国际化和对外传播中国文化的过程中扮演着重要角色、承担着重要任务。

第一所孔子学院于 2004 年 11 月在韩国首都首尔创办。中国国际中文教育基金会官方网站数据显示，截至 2019 年底，全球已有 162 个国家（地区）设立了 550 所孔子学院和 1172 个孔子课堂（见表 1.1）。

表 1.1　孔子学院在"一带一路"沿线国家的设立情况（截至 2019 年底）

区域	已开设孔子学院（课堂）的国家	未开设孔子学院（课堂）的国家
东亚	中国、蒙古、韩国、日本、朝鲜	—
东盟	新加坡、马来西亚、印度尼西亚、缅甸、泰国、老挝、柬埔寨、越南、菲律宾	文莱
西亚和北非	伊朗、土耳其、约旦、黎巴嫩、以色列、巴勒斯坦、沙特阿拉伯、阿联酋、巴林、塞浦路斯、埃及	伊拉克、叙利亚、也门、阿曼、卡塔尔、科威特
南亚	印度、巴基斯坦、孟加拉国、阿富汗、斯里兰卡、马尔代夫、尼泊尔	不丹
中亚	哈萨克斯坦、乌兹别克斯坦、塔吉克斯坦、吉尔吉斯斯坦	土库曼斯坦
独联体	俄罗斯、乌克兰、白俄罗斯、格鲁吉亚、阿塞拜疆、亚美尼亚、摩尔多瓦	—
中东欧	波兰、立陶宛、爱沙尼亚、拉脱维亚、捷克、斯洛伐克、匈牙利、斯洛文尼亚、克罗地亚、波黑、黑山、塞尔维亚、阿尔巴尼亚、罗马尼亚、保加利亚、北马其顿、希腊	—

"一带一路"沿线国家中还有 9 个国家没有设立孔子学院，占比 13.04%。但这些国家与我国也有着十分密切的交往，同样积极响应了"一带一路"倡议。叙利亚总统巴沙尔·阿萨德办公厅政策与传媒事务顾问夏班曾在会议上表示："叙利亚自古以来就是'丝绸之路'非常重要的伙伴国，也希望加入'一带一路'倡议。相信叙利亚、伊朗和伊拉克能够架起联通的桥梁与纽带。"

1.2.2 华文教育模式

华文教育是面向广大华人华侨尤其是华裔青少年这一庞大群体开展的语言文化教育。海外华文教育的主要作用在于使海外侨胞能够传承中华文化,保持民族特性,增进海外华人华侨社会发展的内在动力。国侨办下属的中国华文教育基金会专门为海外华文教育事业提供指导与服务,先后设立了华文师资培养工程、华文教师暖心工程、华裔青少年中华文化传承工程、传统节庆文化活动拓展工程、华文教辅材料开发工程、华文教育现状调研工程等一系列华文教育项目,为海外华文学校解决了许多严重制约华文教育健康发展的困难,如培养师资、编写教材、提供先进的教学手段等。

1690 年,印尼华侨创办了东南亚第一所华文学校——明诚书院。华文教育的生存、发展是由华人华侨的人口分布、华人社会在所在国的地位、所在国的文化教育政策、所在国与中国的关系及国际形势变化等因素决定的。各国华文教育因为所在国的不同,在教学规模、体制、形式等方面呈现出诸多差异。进入 21 世纪,随着中国在经济领域迅速发展、国际地位的提高以及华人经济地位的提高,中国与其他国家的商业贸易联系不断加强,汉语言的经济价值和社会价值迅速提升,世界范围内对汉语言的学习需求呈现持续增长态势,华文教育也迎来了发展新热潮。世界各国放宽华人华侨祖(母)语教育的文化政策,华文教育开始为主流教育体系所接纳。华文学校在规模、质量、社会影响力等方面都取得了巨大进步。以双语、双文化教育为华裔青少年素质教育的重要手段,培养具有国际竞争力的人才,已成为海外华文教育界的基本共识。更有华文学校以"今天的儿童,明天的领导者"为号召,在当地引起热烈反响。华文学校是海外华文教育的主要场所,是传承中华优秀传统文化的载体,语言教育和中华文化教育相结合是海外华文学校的优良传统。据不完全统计,截至 2013 年 8 月,全球已建设华文学校 2 万余所,数百万华裔学生正在接受华文教育,华文教材的发行区域已覆盖 50 多个华人华侨聚居国。

1.2.3 文化中心模式

20 世纪 80 年代末，中国开始在海外设立文化中心。自 1988 年毛里求斯中国文化中心建成，文化中心在海外的发展已走过了 30 多年的历史。继毛里求斯、贝宁、埃及、法国、马耳他、韩国、德国、日本、蒙古、俄罗斯、泰国、西班牙、墨西哥、尼日利亚的中国文化中心之后，2014 年，中国在丹麦、斯里兰卡、澳大利亚、老挝、尼泊尔、巴基斯坦的文化中心也陆续完成了揭牌启用或前期运营工作，并凭借其不同特色，发挥着各自的重要作用。

2014 年 6 月，第十六个海外中国文化中心——哥本哈根中国文化中心正式运行，成为北欧第一个中国文化中心。文化中心成为文化领域落实海上丝绸之路部署的重要举措。2014 年 9 月揭牌的斯里兰卡中国文化中心，成为中国在南亚地区设立的首个文化中心，这标志着中斯人文交流进入新的发展阶段。2014 年 11 月，老挝中国文化中心正式揭牌启用，为开创中老友好合作新局面翻开了新的一页。2014 年 11 月 22 日，悉尼中国文化中心迎来正式揭牌后的启动仪式，作为中国在大洋洲设立的第一个文化中心，该中心自 2012 年 12 月注册以来举办了众多活动，为澳大利亚人民认识中国及中华文化开启了大门。2015 年元旦前后，尼泊尔、巴基斯坦中国文化中心也进入前期运营阶段。

中国文化中心设立是中国同其他国家交流进一步深化的重要标志，旨在加强国家间文化交流与合作，增进不同国家人民之间的相互了解和友谊。我国已在非洲、欧洲、亚洲和北美洲、大洋洲建成毛里求斯、贝宁、巴黎、首尔、开罗、马耳他、柏林、东京、乌兰巴托、墨西哥、悉尼、尼日利亚、坦桑尼亚、拉巴特、莫斯科、马德里、哥本哈根、布鲁塞尔、斯德哥尔摩、雅典、海牙、明斯克、索非亚、特拉维夫、里加、曼谷、老挝、斯里兰卡、巴基斯坦、新加坡、尼泊尔、金边、河内、仰光、墨西哥、新西兰、斐济、卢森堡、马来西亚、布加勒斯特、塞尔维亚等 40 余个中国文化中心。中国文化中心常态化、不间断地举办演出、展览、艺术节、文体比赛等各类交流活动，组织语言、文化艺术、体育健身等各类培训项目以及实施各类短期培训计划，组织学术讲座、研讨会、汉学家交流等活动，向所在国公众提供中国的信息，介绍中国的历史、文化、发展和当代社会生活。近年来，海外中国文化中心配合国家整体外交战略，在文化部的统筹下，开展了一系列活动，如 2018 年共举办活动 1610 项、3566 场次，培训学员 67912 人次，直接受众 829 万余人次，其中副部长级及以上政要出席活动 431 场。本着规范各中心工作、形成中国文化在海外综合立体传播架构的原则，海外中国文化中心明确了国情宣介、文化交流、思想对话、教学培训及信息服务五大职能。

海外中国文化中心建设积极响应"一带一路"倡议。一方面，海外中国文化中心在"一带一路"沿线地区加快布局。在已建成的 40 多个海外中国文化中心中，有 20 个位于"一带一路"沿线国家(蒙古、新加坡、缅甸、泰国、老挝、柬埔寨、越南、以色列、希腊、埃及、巴基斯坦、斯里兰卡、尼泊尔、俄罗斯、保加利亚、拉脱维亚、白俄罗斯、马来西亚、罗马尼亚、塞尔维亚)。另一方面，各中心举办了一系列"一带一路"主题讲座、展览等，并努力打造出一批具有深厚历史文化底蕴的相关活动项目。

1.2.4 来华留学教育模式

我国一直重视来华留学事业的发展。近年来，我国的留学生教育规模不断扩大，留学生教育水平不断提升。教育部网站公布的 2018 年全球来华留学生简明统计数据显示，共有来自 196 个国家和地区的 492185 名各类外国留学人员在 31 个省、自治区、直辖市的 1004 所高等学校学习(见表 1.2)。留学生生源国覆盖范围稳定，其中，"一带一路"沿线国家成为来华留学发力点。在 2018 年来华留学生数居前 15 位的生源国中，"一带一路"沿线国家占据 12 个，分别是韩国、泰国、巴基斯坦、印度、俄罗斯、印度尼西亚、老挝、哈萨克斯坦、越南、孟加拉国、蒙古、马来西亚。"一带一路"沿线国家来华留学生人数共计 260624 人，占总人数的 52.95%，其中，东亚来华留学生有 10158 人，占 3.90%；东盟 10 国来华留学生 99317 人，占 38.11%；西亚和北非 18 国来华留学生有 16420 人，占 6.30%；南亚 8 国来华留学生有 74057 人，占 28.42%；中亚 5 国来华留学生有 29885 人，占 11.47%；独联体 7 国来华留学生有 24599 人，占 9.44%；中东欧 16 国来华留学生有 6188 人，占 2.37%。"一带一路"沿线国家来华留学接受学历教育的外国留学生总计 258122 人，接受技能提升、语言培训进修的非学历教育留学生有 234063 人，各占来华留学人数的一半。

表 1.2　2010—2018 年来华留学生规模情况

年份	全球来华留学生		"一带一路"沿线国家来华留学生		
	总人数/人	增长率/%	总人数/人	占比/%	增长率/%
2010	265090	—	111231	41.96	—
2011	292611	10.38	123923	42.35	11.41
2012	328330	12.21	142217	43.32	14.76
2013	356499	8.58	160784	45.10	13.06
2014	377054	5.77	171580	45.51	6.71
2015	397635	5.46	183182	46.07	6.76
2016	442773	11.35	207888	46.95	13.49
2017	489172	10.48	244905	50.07	17.81
2018	492185	0.62	260624	52.95	6.42

1.3 汉语言文化国际传播的有关项目和产品

1.3.1 "汉语桥"世界大学生中文比赛

"汉语桥"世界大学生中文比赛是由教育部中外语言交流合作中心主办(原由孔子学院总部、国家汉办主办)的国际中文赛事,旨在为世界各国学习中文的青年学生提供一个展示中文能力的舞台,打造相互学习和交流的平台,激发学习者学习中文的热情和兴趣,增进其对中文和中华文化的理解。比赛的内容包括中文语言能力、中国国情知识、中国文化知识和中华才艺技能等。2002年至2019年,"汉语桥"世界大学生中文比赛已成功举办18届,来自世界136个国家超过3500名大学生先后应邀来华参加复赛、决赛,各国参加预赛活动的大学生有100余万人。该赛事已成为世界各国大学生学习中文、了解中国的重要平台,在中国与世界各国青年间架起了一座相互学习、传递友谊的桥梁。

2008年以来,湖南省人民政府与孔子学院总部、国家汉办联合主办了12届"汉语桥"世界大学生中文比赛,由湖南省教育厅、湖南广播电视台、国际汉语言文化传播基地承办,湖南卫视、湖南大众传媒职业技术学院、湖南教育电视台协办。湖南一直在"汉语桥"上倾注湖南人的匠心,在探索中创新中外交流的形制,以湖南卫视的快乐姿态和青春气质,创新弘扬中华传统文化的形式,传播中国好声音,打造融媒体宣传矩阵,全方位扩大"汉语桥"的国际影响力。多年的匠心耕耘,也让"汉语桥"成长为一张展示新时代中国形象、展现和传播世界文明之美、促进中外文明交流互鉴的闪亮的民间外交"名片"。以2019年第十八届"汉语桥"世界大学生中文比赛(见图1.1)为例,赛事推出融通古今中外的全新概念——"汉字九宫格",将中文考点划分成"字""词""诗"三个核心板块,旨在通过"汉字九宫格"的答题模式,与中华五千年来积累的中华传统优秀文化进行联结和传承,将中文与中华文化以生动的形式传播。比赛还结合了当下备受年轻人喜爱的"Vlog 视频"模式，通过"汉语桥"学长大米和大卫的视角解读快速发展的中国，他们带领观众到北京、湖南、阿拉善、顺德等地，从中国美食、科技发展、经济贸易、环保公益、传统文化及社会生活等方面展现高速发展、繁荣向上的新时代中国面貌，聚焦大国担当，体现中国人的幸福感和获得感，讲好新时代的中国故事。比赛录制题 800 余道，总出题量 1500 余道，考点涉及基础中文知识、历史、传统文化、民俗地理、文学艺术、当代中国生活等诸多方面，把知识点与当下生活紧密联系，让传统文化在"汉语桥"从内到外释放活力，更贴近生活情境。例如，第六期题目中出现的"老吾老以及人之老，幼吾幼以及人之幼"表达的是敬老爱幼的和谐之美。又如，第五期中的敬辞、谦辞题传达的则是中国传统文化的礼仪之美。题目不仅作用于比赛竞技，更是传播正能量的文化窗口。在比赛题目的带动下，节目中时常上演各国大学生结合本国民俗文化解读中国汉字、成语、古诗词的趣味情景。选手都有机会将自己国家的文化知识、文学艺术、习惯风俗、价值观念、科技成就进行分享和交流，他们在答题过程中的互动交流，充分体现了多元文明的交流互鉴。在总决赛中，比赛精心设置了一场关于"李白和他的朋友圈"的剧情秀。五位选手穿越时空，演绎了历史上李白送别鉴真与晁衡(阿倍仲麻吕)、鉴真第六次东渡日本进行文化交流的故事，以古往今来的"小故事"体现"天下一家"的"大情怀"，

图1.1 第十八届"汉语桥"世界大学生中文比赛现场

(图片来源："汉语桥"官网)

投射出开放、包容、多元的唐朝历史剪影,也印证了从古至今中国始终致力于为人类问题提供中国智慧和中国方案,中华传统文化始终对世界人民展示出强大的吸引力和感召力。"汉语桥"这片舞台,也成为整个世界变成"地球村"这一全球趋势的缩影。"汉语桥"在世界范围内搭建起了一座文化之桥、友谊之桥、心灵之桥,传播中国好声音,展现立体、真实、全方位的中国,为促进中外人文交流提供了经典的范本。

1.3.2 国际中文教师志愿者计划

国际中文教师志愿者计划旨在帮助世界各国解决中文师资短缺问题。该项目遴选了有志于从事中文教学工作的优秀志愿者,赴海外教育机构开展中文教学工作。该项目于 2004 年正式实施,由教育部中外语言交流合作中心(原由孔子学院总部/国家汉办)负责具体实施工作。截至 2021 年,该项目覆盖了全球 151 个国家和地区,累计派出汉语教师志愿者超过 6 万名。随着"汉语热"的不断升温,汉语教师需求也在不断增加。国家汉办官网 2019 年公布的招募志愿者计划数据显示,当年新选志愿者岗位为 5885 个。国际中文教师志愿者在传播中文和中华文化中发挥着重要的桥梁作用,促进了中国与志愿者所在国之间的人文交流,助推了国家间的交流与合作。志愿者作为我国"行走的名片",其在上课过程中对学生的耐心教导、生动有趣的上课风格以及课下与学生亦师亦友的良好关系为许多学生所赞许与喜爱,学校师生因此对中国留下了良好的印象。除了常规的课堂教学,国际中文教师志愿者还会参与开展各类中国文化活动,这些中国文化活动邀请当地教师、学生家长、政府官员、企业代表及其他社区居民参加,这无疑是一种将中华文化的传播范围扩大的非常好的方式。志愿者吃苦耐劳,有强烈的责任感以及乐于助人的美好品质,给当地人民留下了良好的印象,因此常被称为来自中国的"天使"。

中外语言交流合作中心于 2021 年 3 月 5 日"中国青年志愿者服务日"在其官方微信公众号上发表《弘扬志愿精神:在海外书写青春的国际中文教师志愿者们》。文中介绍了在尼泊尔、白俄罗斯和尼日利亚担任国际中文教师志愿者的三名"90 后"青年。吕莹是其中一位在尼泊尔工作的国际中文教师志愿者。尼泊尔同事这样评价她:"现在提到中国,我最先想到的两个人,一个是成龙,一个就是 Sanskriti。""Sanskriti"是吕莹赴尼泊尔后,外方校长帮她取的尼泊尔语名字,意为"文化"。在师生们心中,吕莹就是从中国来的文化使者,是他们了解中国的窗口。2018 年夏天,刚刚走出大学校园的吕莹,带着好几个装满了教学用品的大行李箱来到尼泊尔,开始了她的中文教学工作。她说:"在来尼泊尔之前,我对这里曾有过各种设想,对未来两年的工作做了详细规划,比如要举办哪些文化活动,怎样提高学生们的中文水平等。然而,现实的骨感还是毫不留情地摆在了面前。"在这里,她不仅面临着简陋的生活环境,还面临着困难的工作环境。吕莹是该校历史上的第一位国际中文教师志愿者,该校与中文相关的一切都要从零开始,凡事都要吕莹亲力亲为。在前期的磨合过程中,吕莹察觉到,虽然校长不会讲中文,但对中文课和中国文化课非常重视,于是吕莹决定抓住这个机会,开始重新制订"两年计划"。她说:"我的目标是要建立起一套中文教学大纲,让课程系统化,即使以后我离任回国,只要有中文老师,学校的中文课程就能正常运行,学生们的中文学习也就有了延续性。"在她的不懈努力下,越来越多的学生对中文产生了兴趣。每次在中文课铃声响起前,就有孩子早已在走廊上、窗口处对她的到来翘首以盼。中文课和她成了孩子们的一种期待(见图 1.2)。世界上还有不少这样的国际中文教师志愿者,他们用自己的行动与担当,向世界讲述着中国,也让世界看到了当代中国青年的模样。

图 1.2　尼泊尔当地学习中文的孩子们

(图片来源:中外语言交流合作中心微信公众号)

1.3.3 《快乐汉语》

《快乐汉语》是中国中央电视台中文国际频道(CCTV-4)推出的中文跨文化传播电视节目,主要面向世界各国传播中文及中华文化,满足日益增长的汉语言文化学习需求,增进中国与世界各国的友好关系。《快乐汉语》坚持着"学说中国话,朋友遍天下"的主题,以"情景交融+寓教于乐"的方式,主要集中于三个文化层面的跨文化传播内容:一是基础语言的传播。作为中文跨文化传播节目,它的核心任务就是把中文传向世界。中文是通向中国文化的钥匙,海外受众只有掌握中文才能真正了解中国。2009年开播以来,《快乐汉语》始终围绕提高学习者的中文能力这一宗旨,从最基本的生活用语开始,寓教于乐,逐步深入,为节目广泛传播提供了强有力的思想保障。二是物质文化的传播。在节目中,物质文化往往作为辅助汉语言文化传播的成分,例如"长城""饺子""中国功夫""兵马俑"等,能唤醒受众的情感认同,扩大中文传播影响力。三是精神文化的传播。它主要以"中华优秀文化"为跨文化传播内容,让受众在掌握中文的基础上理解中国的传统文化,在潜移默化中提升节目的传播影响力。

下面我们以《快乐汉语》第三季为例。第三季节目的每一期都邀请来自中国的年轻人与世界各地的外国人和华裔作为学员讨论汉字的演变、探索古典诗词深邃的意境、感悟中国传统与现代的魅力,甚至展开激烈的中文词语竞赛。在节目内容上,每期选择一个主题汉字来切入主题,讲述这个汉字的来龙去脉,讨论其用法和现代意义,并通过生动的故事来展现东方和西方文化习俗之间的差异。在形式上,"外国学员为主体"的理念得到了充分体现。外国学员们会用中文讨论主题汉字,有时还会有小型辩论赛。古老的中国和现代的中国,中西文化交流中的中国,中国的语言文化,中国的经济社会发展,通过各国青年朋友的交流互鉴,在节目中逐一呈现。比如,有一期节目的主题字是"安",节目通过祝福语、传统习俗、地名、人名及建筑理念等方面,展示了"安"字的由来以及平安文化在中国人生活中的发展变迁。然后,六位来自世界各国的学员通过讲述自己在中国的真实体验,亦庄亦谐地讲述了他们在中国的安全感——从"身安"到"心安",并达成共识:中国是世界上最安全的国家,有一种安全感叫"我在中国"。这样的表现形式,真实自然,如春风化雨,润物细无声,使海外观众身临其境地理解了当代中国与社会文化,增进了中国人民与世界人民的相互了解,让世界了解中国,也让中国走向世界。来自塞尔维亚孔子学院的学生安娜看了这一期节目后,立即决定申请到中国攻读汉语国际教育硕士学位,在申请书中,她满怀深情地说:"中国是一个发展日新月异的国家,生活在中国,我感觉就住在世界的中心,因此,我想在中国创造自己的未来!"在《快乐汉语》里,外国人和华裔成为中国文化传播的新鲜力量,他们讲述的中国故事开启了一个全新的视域,展现了一个真实、立体、全面的中国。值得关注的是,《快乐汉语》注重展现学员的个人魅力,并通过央视官网、微博、微信公众号等方式进行立体宣传,打造了一批来自世界各国的"汉语之星"。在中国,他们作为自己国家的代表与各国青年交流、对话,而回到祖国后,他们又在讲述中国的故事,向同胞们介绍日益发展的现代中国,传授自己日益精通的中文,讲述他们的中国梦和中国故事。

1.3.4 《神奇的汉字》

《神奇的汉字》是由湖南卫视制作的全民汉字挑战节目,2019 年和 2020 年分别制作播出了《神奇的汉字第一季》和《神奇的汉字第二季》。第一季以汉字比拼为主,每期由红、蓝两方队长带领各自的参赛选手进行"全民 8 秒汉字挑战",获胜队伍将获得完成心愿的奖励。节目既有丰富的汉字知识,又有紧张欢乐的比赛氛围。节目不仅通过轻松的汉字游戏和详细生动的汉字讲解,深入浅出地传递中国汉字文化,还通过对汉字追本溯源,研究汉字的字形、字义、字音、字源,让年轻人更加了解凝聚着中国文化精魂的一笔一画。而且参赛选手从事不同职业,年龄分布各年龄段,可以说是全民汉字大联欢。第二季邀请了年轻一代热爱中国文字的汉字新生进行激烈对决,深度解读魅力汉字。第二季节目在题目形式上进行了拓展,以历史、国学、艺术、时尚等多领域的题目延伸出对汉字历史的深层次的解读。它与历史紧密相连,中华文化上下五千年,一撇一捺都透露着古人千年的智慧;与国学相互依存,挖掘老子、孔子、庄子的为人处世,感受修身养性之道的魅力;与生活息息相关,字的衍生就源于我们身边的衣食住行、柴米油盐;与潮流融为一体,结合时下最新热点,用年轻人最喜闻乐见的方式传播中华文化。第二季的舞美设计更是采用中国传统的

"勾栏瓦舍"建筑与时下流行的"赛博朋克"风格进行了一次跨越时空的现代演绎，整个空间再现了宋元时期民间艺术的演出场景，设计参照《营造法式》中的木作工艺，甚至连斗拱、瓦当等细节都尽力还原。独具匠心的演出场景作为主体形象的"不出头式"牌楼，将中国特有的建筑文化体现得淋漓尽致，增添了整个空间的文化氛围。两季节目都深受国内外青年的喜爱。

2019年8月，《神奇的汉字》被国家广播电视总局评为2019年第二季度广播电视创新创优节目。在节目的"汉字组装"环节，参赛者要在最短的时间里，将"弓""弓""米"三个部分组成一个"粥"字，将"宁""圭""彳"三部分组成一个"街"字，将"立""木""十"三部分组成一个"梓"字等。每一轮比赛结束后，专家立即对部分汉字的渊源和演变进行释义，并通过动画演示等多种电视表现手法，将其生动形象地展示出来，引导观众感受汉字的文化魅力。比如，专家在讲解释义时进一步指出："粥"字，现在的写法是一个"米"两边各有一个"弓"，而在篆文中，"粥"字当中的两个"弓"并不表意而是表形，描绘的是热气缭绕的形状。"粥"中间的"米"字部分下面还有"鬲"字部分，"鬲"是古代的三足煮锅。节目将"粥"字的篆文写法与现在的写法加以对比，观众通过专家对"粥"字字形变化的追溯，可以了解到"粥"字的意思是"米"在"鬲"中煮到热气缭绕的状态，从中感受汉字以形表意、形意相连的奇妙意趣。除了传递汉字知识，该节目还深入解读汉字背后的文化故事，弘扬中华优秀传统文化。南京师范大学文学院教授、博士生导师郦波在节目中这样解读"美"字："'美'者，甘也，从羊从大，所以我们常说'羊大为美'。'美'字最早来源于美食，后来才延伸到感官和审美。我们是华夏民族，中国有礼仪之大，故曰'夏'，有服章之美，故曰'华'。所以中国人的美，有美食之美、服饰之美、生活之美、心灵之美。"沈阳市教育研究院历史研究员王磊老师在讲解成语"防微杜渐"时，结合当期嘉宾是位医护人员，让观众了解到其实在中国古代也是有疫苗的，疫苗的出现代表着中国古代的医疗水平，其先进程度令选手与观众不由得赞叹起来。中国古代除了有享誉世界的四大发明，还有很多神奇的发明创造，王磊老师也举例讲解了其中的几种，有一个被称为"被中香炉"的球形小炉，把炭火放入其中也不会撒漏，便是运用了中国最早的万向架结构，比欧洲早1000年；另一个是我们在电视剧《长安十二时辰》中看到的"火闹钟"。这些古代科技发明真可谓精妙绝伦。节目通过专家的趣味解读，寓教于乐，让观众学习汉字、热爱汉字，彰显着当下中国人对中华优秀传统文化的自信。节目还采用"图解分析+动画演绎"的表现形式，对甲骨文、金文、篆文等汉字的每一部分进行形意上的图解剖析，深入浅出地对汉字出现的背景进行讲解，并通过动画演绎，将无声的文字转化为跳动的情景，鲜活地诠释了汉字的本源含义，将知识性、趣味性融为一体。在"汉字演变"环节中，我们看到了汉字的历史，如甲骨文→金文→战国文字演变来的"夫"字，古代指成人，约 1.4 米，与现在 1.5 米的成人乘车购票高度基本一样，展现出了古今思路惊人的一致。节目用图解分析了"胞"字，从甲骨文形体看，就像一个胞衣，里面有一个未成形的小孩，画面中配有一个孕妇站在"胞"字的旁边，表达"胞"是母亲的一坨肉（见图 1.3）。动画演示中的"胞"字，即一个怀孕的妈妈用一只手抚摸着自己的肚子，画面温馨形象，便于青少年加深印象。

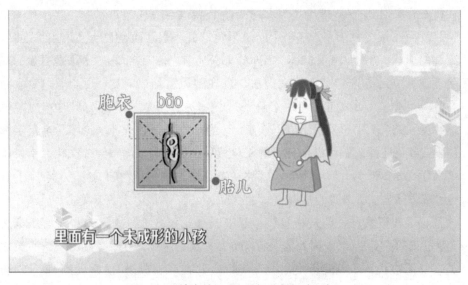

图 1.3 《神奇的汉字》图解分析汉字"胞"

1.3.5 《汉语世界》

《汉语世界》是一档由歌华、华数、小米电视、乐视电视、爱奇艺等新媒体联合播出的以"中国故事，世界表达"为特色，通过有趣的故事、资讯为人数日益增长的中文学习者和所有对中国感兴趣的人提供语言、文化信息交流平台，使观众在轻松的观看中了解鲜活的当代中国的全新双语谈话类文化节目。

《汉语世界》节目邀请国内外知名专家、教授、各媒体主编以及行业代表参与，在录制的过程中精准表达题目思想，简练概述主题核心，以不同行业的视角充分发挥大咖优势，在娱乐的访谈过程中将故事、思想、概念传播给每一位收看的观众，同时也利用自身明星效应，进行广泛宣传（见图1.4）。例如，在《国粹生香——中国评剧院》这期节目中，节目组邀请了中国评剧院院长侯红，侯红讲述了评剧院的建议、建设和发展情况以及经典评剧作品，从自身经历出发，以通俗易懂的方式介绍了评剧的特点，让外国观众迅速进入状态，近距离感受中国戏曲文化的魅力。《中华礼乐》这期则邀请了清华大学历史系教授彭林、中国人民大学国学院教授韩星，向观众详细讲解中国礼乐知识，探索中华礼仪的智慧和内涵，展现中华礼仪的独特魅力。

图 1.4 《汉语世界》节目

《汉语世界》节目通过精心的编排和高度的概括，策划了一个层次高、内容深的节目，提炼出具有当代价值和世界意义的中华优秀传统文化的精华，以多种形式呈现出来，为外国观众提供了一个了解中国的窗口，向世界呈现了一个真实、立体、全面的中国。节目组联合《北欧时报》策划了一期《走近神秘的毛南族》节目。节目组走进广西环江县，深入了解居住在那里的毛南族。整期节目从《北欧时报》记者的视角出发，深入毛南族人民生活和工作的每一个角落，展现毛南族手工刺绣的传统民族服饰、地方美食、悠扬的民歌以及在扶贫政策帮助下毛南族发生的巨大变化。整期节目中，现场采访与摄像屏幕相互配合，既展示了毛南族独特的文化和当地的自然风光，又展示了新时期环江县多措并举、励志脱贫的生动实践，展现了一个神秘又充满活力的民族。再比如《铁血丹心中国武侠》这期节目讲述了源远流长的中国武术文化，重温了一系列反映中国武术文化的影视作品，引导观众进一步思考武术精神如何影响中国人的气质以及武术精神给中华民族留下的深厚文化底蕴。

作为一档由中国日报网、《汉语世界》杂志社等多家媒体联合制作的新媒体和传统媒体同时传播的节目，《汉语世界》具有台、报、网三点一线的传播优势，整合具有多家媒体优势的融媒体传播模式，也是马克思主义新闻价值观在全媒体传播的一种尝试。节目在全世界 122 个国家实现了落地播出（包含电视、App、网站等），同时享有这几家媒体的刊号、新闻资质证、播出传播许可证等。这是一次利用网络等新媒体手段深入开展中国文化宣传的积极尝试，具有非常积极的现实意义。在美国哥伦比亚广播公司（CBS）晚间时段播出的《随园食单》节目，收视率达到了 1.2。《汉语世界》节目在全媒体传播趋势的背景下，准确把握移动互联网传播时代国际传播活动发生、发展的规律与逻辑，以双语为载体，多角度、多层次、全方位地传播中国故事，探索中国故事的国际化表达，让对外传播的穿透力、扩散力和整体效力越来越强，为汉语言文化国际传播访谈类节目的创新发展提供了借鉴。

1.3.6　中文联盟

"中文联盟"是由五洲汉风网络科技（北京）有限公司、汉考国际教育科技（北京）有限公司、复旦大学、阿里巴巴钉钉、日本青少年育成协会、英国汉语教师协会、泰国孔敬大学孔子学院、英国曼彻斯特大学孔子学院等 28 家单位，为抗击新冠肺炎疫情对国际中文教育带来的不利影响，利用互联网确保国际中文教育"停课不停学、不停教、不停考"，于 2020 年 3 月 26 日联合发起的非营利性机构间合作组织，同日，"中文联盟"云服务平台（https://www.

chineseplus.net／）上线（见图 1.5）。截至 2021 年 3 月，"中文联盟"共有来自 71 个国家的 370 家单位会员和 810 名个人会员参与，广泛汇聚了包括国内外院校、机构、企业及个人的优质中文教育资源。联盟倡导各方以合作共赢的原则，共建共享国际中文数字化云服务平台，共同为促进在线中文教育资源专业化、集约化发展助力。

图 1.5 "中文联盟"云服务平台

"中文联盟"平台是在人工智能、云计算、区块链、5G 网络等现代信息技术的飞速发展已经深刻影响了人类社会并展示了教育变革的巨大潜能的背景下应运而生的新时代汉语言文化国际传播平台，旨在聚集全球渠道、课程、技术、产品、服务等资源，不仅为全球中文学习者提供丰富的课程资源，也为国际中文教师提供多样的教辅素材和成长课程。"中文联盟"与国内高校联合开设线上直播课程，由国际中文教育领域专家和优秀的国际中文教师担任主讲，为中文学习者量身定制在线中文学习项目，打造精品网络中文课堂。面向有考试需求的学习者，"中文联盟"推出"考教结合"的标准化线上中文课程体系，如"HSK 标准教程""YCT 标准教程""国际中文教师证书"等考试及教师职业能力提升课程等，将教学与标准化考试结合，有效提升教学效率。"中文联盟"还运用新技术手段，围绕经典教材，上线了网络多媒体中文学习系列课程，如"长城汉语""漫中文""豆儿"等，采用情境教学片、3D 动画、即时跟踪学习进度和测试学习效果模式等，为学习者提供个性化的学习方案。"中文联盟"支持中外教育机构、社会组织和企业参与建设"网络中文课堂"，搭建本土化平台，开展远程网上中文教学，提供在线"教、学、考、研"一体化服务，开展以在线中文为核心的预科教育课程和"中文+职业教育"课程等服务。"中文联盟"在网络基础资源、教学设备、中文课程、师资、教材、科研、来华团组、奖学金、中文学习测试等方面为"网络中文课堂"提供支持。2020 年 10 月 15 日，全球首家"网络中文课堂"落户希腊爱琴大学。希腊爱琴大学校长克丽丝·伍齐拉希表示，"网络中文课堂"的开设是希中两国增进关系及教育合作的历史性时刻。她说："语言促进了交流合作，加深了彼此了解。爱琴大学师生对中文学习表现出巨大的兴趣。我们期待，能继续扩大这一合作，使当地社区成员和希腊其他地区成员能够从中受益。"学生 Matthaiou Eirini 表示，参与中文课程的经历非常令人难忘。"刚开始我觉得中文很难，但慢慢地，我意识到自己每周都在进步，也逐渐掌握了中文学习的规律。"她说，"来自中国的老师对我学习发音帮助很大，上课使用的'中文联盟'平台也很实用。我真的很喜欢中文和中华文化。我已经准备好要参加 HSK 一级考试了！"

截至 2021 年 2 月，"中文联盟"云服务平台汇聚了全球近 400 家大中小学和中文教育机构，提供中文学习、中国概况、中国文化、教师培训等各类慕课、微课课程 210 多门共计 7000 多课时，开设直播课 4000 多节，能满足不同水平中文学习者的多样化学习需求，也为国际中文教师备课和个人发展提供了帮助。随着线上中文教学常态化，为方便学习者随时随地进行学习，"中文联盟"迅速推出手机 App，在新冠肺炎疫情期间免费向国际中文学习者提供中文学习、师资培训、中华文化讲座等直播课程资源，使全球 200 多个国家的 200 多万名师生从中受益。

1.3.7　汉语水平考试(HSK)

汉语水平考试(HSK)是教育部中外语言交流合作中心在全球组织实施的一项中文考试服务项目，旨在为母语非中文者设立一项国际中文能力标准化考试，为中文学习者提供科学有效的中文标准化能力测试证明。汉语水平考试依据《国际汉语能力标准》《HSK 考试大纲》组织实施，重点考查中文非第一语言的考生在生活、学习和工作中运用汉语进行交际的能力。HSK 考试有 6 个级别，其成绩是外国学生来华留学、申请奖学金的必备条件，是外国人来华工作、申请永久居留、移民等的语言证明，并被越来越多的跨国企业作为员工招聘和晋升的重要依据。截至 2020 年底，全球已有 100 多个国家的 30 余万名考生在 700 多个考点参加了各类中文水平考试。在 2021 年发布的汉语水平考试日历中发现，与以往不同，为了满足新冠肺炎疫情影响下依旧蓬勃高涨的中文学习者的需求，2021 年的汉语水平考试正式面向海外开设了居家网考模式。

汉语水平考试火热的背后，是各国民众对中文兴趣的增长。不少考生在参加考试后表达了对中文学习的喜爱。我们从中外语言交流合作中心微信公众号了解到，10 岁的何志财在父母的陪同下参加了泰国普吉网考考点举办的汉语水平考试，虽然参加的考试级别不高，但他的发音十分标准，在老师的引导下，他顺利进入系统完成了考试。他说："学习中文，是因为心中的热爱。"在乌克兰扎波罗热国立大学考点，参加了汉语水平考试的爱丽丝是第聂伯大学中文专业的一名大四学生。她说，之前由于没有这个考点，她只能去 200 多千米外的哈尔科夫大学考点参加考试，她的同学有的甚至去 500 千米外的基辅参加考试。这次在扎波罗热国立大学设置考点后，她参加考试的行程缩短到了不到 90 千米，当天就能往返，非常方便。一位韩国考生，因肢体有残疾无法正常就座参加考试。考试当天，在考场工作人员的帮助下，这名考生全程躺在保健室的床上完成了答卷。她说："通过 HSK 五级考试让我对未来生活充满希望。我会一直坚持学习中文，它成为我前进的动力。"此外，还有很多考生谈道："坚持学习中文并进行阶段性检测，能让自己的中文水平不断进步。参与汉语水平考试正是这样一个检验中文水平的机会。它能让我们查漏补缺，有针对性地学习，进而不断提高中文水平。"

为应对新冠肺炎影响，2020 年 4 月，中外语言交流合作中心开始实施汉语水平考试居家网考，采用专用考试系统，可以实现考生身份智能核验、实时监控、在线作答、远程监考、作答结果实时回传等功能，确保了考试的安全性和公平性。目前，居家网考已服务 5 万余名考生，为各国中文学习者顺利留学、就业、求职提供了保障。2021 年 3 月 13 日，一场面向海外的国际中文水平考试居家网考在线开考，全球共有考生 7000 余人通过 56 个国家的 137 个考点报名参与。这是在新冠肺炎疫情影响尚未完全消散的情况下，2021 年一季度以来最大规模的一次居家网考。在吉尔吉斯斯坦比什凯克国立大学考点，此次居家网考涵盖了 HSK 和 HSKK 6 个级别的考试，共设置 16 个线上考场，吸引了考生 367 人参加，这是该考点开设居家网考以来考生人数最多的一次。在意大利罗马大学考点，74 名来自罗马国立住读学校的中文学员参加了 HSK 三至六级的考试，这也是该校学生自新冠肺炎疫情暴发以来第二次大规模参加居家网考。考生们表示，这一考试形式，为自己顺利取得中文水平证明提供了便利。此外，在罗马尼亚、英国、委内瑞拉、波兰等国，尽管新冠肺炎疫情影响仍在，但各国民众学习中文、参加中文考试的热情不减，纷纷报名参加此次居家网考。美国纽约宾汉顿中文考试中心 HSK 负责教师朱君芝说："举办居家网考是我们考点在新冠肺炎疫情期间的一项重要举措，满足了纽约当地中文学习者进一步学习和考试的需求，受到了不少考生和家长的欢迎。"来自意大利的考生龙力（Fabrizio Ubbriaco）报名参加了 HSK 五级、六级和 HSKK 高级考试。他表示，因为新冠肺炎疫情没能去中国留学，他感到十分遗憾，但自己也充分利用居家学习的这段时间提升了中文水平，希望能通过这次考试，检验自己的学习成果。参加 HSK 四级考试的斯里兰卡考生 D. K. S. R. Dasanayake 表示，自己正准备申请到中国留学，按时拿到中文水平证明非常重要，居家网考正解决了他新冠肺炎疫情期间参加考试的难题。"考点服务细致周到，老师们提前帮助我熟悉了考试系统，预想了各种可能出现的问题，考试过程很顺利。"波兰弗罗茨瓦夫大学中文专业二年级学生 Szymon Czerny 说，居家网考组织专业，考试系统使用便捷，面对新冠肺炎疫情挑战，非常感谢考点灵活应对，为当地中文学习者提供了优质的考试服务。来自赞比亚的 HSK 五级考生 Aric 表示，参加考试不仅是工作需要，也是为了证明自己。他说，自己大学学习的是土木工程专业，但一直在学习中文。"我们这里有很多中资公司十分缺乏既懂中文又懂工程技术的人员，如果我能通过 HSK 考试，就能为未来的就业提供不少便利。"

中国教育部、国家语言文字工作委员会于 2002 年 3 月 24 日正式发布了《国际中文教育中文水平等级标准》（GF 0025—2021），并于 2021 年 7 月 1 日起正式实施。这是我国首个面向外国中文学习者全面描绘评价学习者中文语言技能和水平的规范标准。该标准将学习者的中文水平从低到高分为三等，即初等、中等和高等，在每一等内部根据水平差异各分为三级，共"三等九级"。国际中文水平考试也将依据《国际中文教育中文水平等级标准》进行优化升级，在保证原有 6 个级别稳定性的基础上，细化调整为"三等九级"。

1.4 汉语言文化在"一带一路"沿线国家的传播情况

1.4.1 蒙古国

中华人民共和国成立以来，中蒙两国进入崭新的历史发展阶段，两国签署了多项经济与文化合作协定。1957年，蒙古国立大学开设了五年制"汉语翻译与研究"专业，拉开了蒙古国现代中文教育的序幕，迄今蒙古国中文教育已走过60多年的发展历程。当前，蒙古国中文教育遍布全国，以首都乌兰巴托为中心辐射全国，北至达尔汗市，南至东戈壁省，东至东方省，西至科布多省，中文学习者数量与日俱增。蒙古国开设中文课程的中小学共有40所，学生总人数约6400人，占全国中文学生总人数的43%。其中有5所公立学校，共有1200多人学习中文，占全国中小学学习中文人数的19%；有35所私立学校，共有约5200人学习中文，占全国中小学学习中文人数的81%。蒙古国开设中文课程的高校有30多所，学生总数近3500人，占全国中文学生总人数的23%，其中公立学校有9所，学生人数约为1500人，占全国高校学习中文总人数的43%；其余近2000人在私立学校学习中文，占全国高校学习中文总人数的57%。在私立学校学习中文的中小学生人数比公立学校多，开设中文课程的中小学比大学多，说明目前中文课程正逐渐成为蒙古国基础教育的一部分。除高校和中小学的中文学习者外，蒙古国还有在孔子学院、孔子课堂、各类培训中心、在线教育等其他机构学习中文的学习者近5000名，截至2020年底，蒙古国学习中文总人数已接近12000人。蒙古国中文教育所面临的问题如下：(1)尚无统一的中文教学大纲；(2)师资短缺、流动性大，教师教学水平有待提升；(3)教材短缺、内容陈旧。

1.4.2　俄罗斯

20 世纪 90 年代后半期，中俄关系从"互视为友好国家"上升为"建设性伙伴"，一直到建立"平等与信任、面向 21 世纪的战略协作伙伴关系"。进入 21 世纪以来，中国在俄罗斯对外政策中的地位一直在提升。《中俄睦邻友好合作条约》的签订标志着中俄两国关系进入了新的阶段。2013 年"一带一路"倡议提出以来，中俄两国国家元首会面高达 20 余次。习近平受俄方邀请参观俄国防部，从军事互信中足以见得两国的政治互信。习近平主席表示，中方高度重视中俄全面战略伙伴关系，珍视相互间的信任和友谊，并提出，中俄关系处在历史最好时期，双方要把高度政治互信转化为更广泛的务实合作成果。俄罗斯总统普京多次强调，中国是俄罗斯的主要伙伴，中俄两国具有很高的政治互信水平，在关键国际问题上持共同立场，始终支持中国。中俄两国的政治互信在不断增强，孔子学院在俄国开花结果必将得到充分的保障。

随着中俄政治互信日益加深，各领域的经贸合作逐渐拓展，两国的民间人文交流也日渐升温，尤其是高层次的人文交流活动日益频繁。

第一，国家级大型文化活动系列化。"官民并举"的人文交流活动对促进两国文化交流起到了重要作用，促进了人民之间的友好往来。

第二，民间文化交流活动逐步深入、多样化。如举办中俄民间广场舞大赛，除中俄少数民族舞蹈、服饰文化节外，还有中俄青少年文化交流活动、中俄厨艺大赛、中俄冰雪体育文化交流活动。广泛的民间交流活动促进了两国人民"心相知""民相亲"。

第三，两国留学生人数呈增长趋势。据俄罗斯教育部统计，2014—2015 年在俄高校就读的中国留学生人数从 16385 名增至 18269 名。原中国驻俄罗斯大使李辉指出，截至 2015 年底，中国在俄罗斯留学生总人数达到 2.8 万人，2015 年，双边教育领域长短期交流人员总数为 7 万余人。"一带一路"倡议提出以来，2014—2016 年俄罗斯来华留学生人数增势明显，总人数已达 51370人。教育领域交流的日益频繁将培育大量两国友好的种子，促进民心相知、相通。总之，两国多领域、高层次的文化交流活动需要沟通的桥梁和纽带，这为孔子学院发挥平台作用带来了新机遇。

截至 2019 年年底俄罗斯境内已开设 19 所孔子学院和 5 所孔子课堂,其他开设中文课程的俄罗斯大中小学已超百所,并一直保持着上升趋势。俄罗斯孔子学院的分布东起符拉迪沃斯托克,经阿穆尔共青城、伊尔库茨克、新西伯利亚、叶卡捷琳堡、莫斯科等重要城市,到达俄罗斯北部圣彼得堡和南部伏尔加格勒。目前俄罗斯中文教育研讨的问题多聚焦于教学方法、教材评价、师资调研、课程评价、学生学习动机、中俄语言政策等方面。目前,俄罗斯中文教育所面临的问题如下:(1)教学体系仍需完善;(2)教师资源匮乏,亟须加强本土化师资培养;(3)教材内容陈旧,无法满足学习者的多样化需求;(4)文化元素单一,现代文化比例不足等。

1.4.3 罗马尼亚

1956 年,布加勒斯特大学外国语言文学学院东方语言文学系中文专业创立。这是罗马尼亚第一个设立中文专业的大学,标志着罗马尼亚中文教育事业的兴起,也标志着中文进入罗马尼亚高等教育阶段的教育体系。

随着 2006 年 12 月 8 日罗马尼亚首所孔子学院在锡比乌落成,中文教育的规模不断发展壮大,为中文纳入罗马尼亚基础教育阶段考试体系打下了坚实的基础。2017 年 2 月 28 日、12 月 19 日,罗马尼亚教育部先后颁布第 3393 号和第 5677 号部长令,批准了根据外语教学标准相关规定制定的与《欧洲语言共同参考框架:学习、教学、评估》相对应的《初高中中文教学大纲》,这标志着中文正式全面进入罗马尼亚国民教育体系,高中生可以选择中文作为高考会考科目。截至 2019 年底,罗马尼亚共有 4 所孔子学院、13 所孔子课堂和分布在 39 个大中小城市的 135 个中文教学点。罗马利亚全国开设中文专业的大学仅 6 所,开设中文选修课的大学仅 5 所(包含两所开设中文专业的大学),有 6 所中学开设中文必修课。截至 2020 年底,罗马尼亚全国大学中文专业的本土中文教师共有 13 人,均有博士学位。

目前,中文纳入罗马尼亚国民教育体系依然存在如下挑战:(1)规模不大,纳入罗马尼亚正式教育体系的中文课程较少;(2)可持续性低,高等教育阶段中文纳入比例较低,基础教育阶段考试体系纳入比例很低;(3)标准化、专业化有待提高,符合教育部要求、真正适合当地中小学生的本土中文教材缺失是目前罗马尼亚基础教育阶段中文教育的最大阻碍。

1.4.4　泰国

泰国是东南亚地区"汉语热"热度最高的国家。早在 1998 年，泰国教育部就批准汉语作为大学入学考试的一门外语课。1999 年，泰国教育部正式将汉语列入高等学校入学考试外语选考科目。自此，汉语教学在泰国"由原来的社会自发行为变为政府行为"。泰国政府 2001 年制定《基础教育教学大纲》，规定中文为外语教学科目，促使中文教学成为泰国社会重要且必须开展的工作，让中文成为泰国经济社会的交际工具之一。2005 年，泰国教育部成立"促进泰国汉语教学战略规划工作组"，先后起草颁布了《促进汉语教学，提高国家竞争力战略规划(2006—2010)》，对基础教育阶段明确要求："佛历 2555(2012)学年之内，所有的基础教育学校都要在三、四教育阶段(初中和高中阶段)开设汉语课。"2013 年 12 月底，泰国教育部再次颁布《汉语教学发展计划》，对基础教育阶段的汉语教学做了更详细的顶层设计。目前，泰国已有包括朱拉隆功大学、国立法政大学、博仁大学(第一所设立中文专业的私立大学)等 55 所高校开办中文专业，其中公立大学有 40 所，私立大学有 15 所。泰国的一些大学开设了中文第二学历即辅修两年中文课程，修满规定学分即可获中文专业学位。职业教育中，文秘、旅游、商务等专业的学生会为了适应市场需求和就业的需求辅修中文。基础教育阶段，从幼儿园到小学到中学阶段都开设中文课程，课程内容为基础的中文听、说、读、写，以中文交际为主要目的。

泰国是世界上孔子学院最多的国家之一，有 16 所孔子学院、11 个孔子课堂。特别值得一提的是，泰国皇室十分支持中文的学习。玛哈·扎克里·诗琳通公主就是其中典范。她多年来坚持学习中文，翻译中文作品，用中文写作，到北京大学进修学习且被武汉大学、四川大学聘为名誉教授。中国教育部曾于 2000 年为诗琳通公主颁发了"中国语言文化友谊奖"。2009 年诗琳通公主更是获得有 6000 万网民参与投票的、由中国民间评选出的"中国缘·十大国际友人"荣誉称号。在中华人民共和国成立 70 周年之际，为表彰诗琳通公主长期以来在学习中文和促进中泰友好方面的杰出贡献，2019 年 9 月 29 日，在人民大会堂隆重举行的中华人民共和国国家勋章和国家荣誉称号颁授仪式上，中国国家主席习近平亲自为诗琳通公主颁授"友谊勋章"。诗琳通公主热心中文学习、使用中文、推广中文,给广大泰国民众作了表率。

泰国孔子学院发展十余年,在汉语教学和文化推广方面成绩斐然,收获了不少的荣誉和掌声,但立足于长远,从文化传播的角度上看,泰国孔子学院的发展仍存在一些问题:(1)本土师资不足;(2)网络孔子学院使用率低;(3)新汉学计划未达到理想效果;(4)精英型受众的专项培训欠缺;(5)文化传播效果评价及反馈机制尚待完善。

1.4.5 印度尼西亚

印度尼西亚是中国移民最早的国家,其中文教学可追溯到 1690 年创办的明诚书院。历史上印度尼西亚的中文教学曾经有过黄金期,但由于种种原因,印度尼西亚中文教学的发展一波三折,几经坎坷,直到 1999 年新政府上台颁布对华人的新政策,印度尼西亚的中文教学终于出现新局面。随着两国交流与合作加强,国内外形势的改变,印度尼西亚的中文教学呈现出良好的发展势头。从 2007 年雅加达汉语教学中心孔子学院建立发展到 2019 年年底,有 8 所孔子学院。

2019 年年底印度尼西亚 20 多所大学开设中文课程,招收的学生基本上以印尼族为主。印度尼西亚还有超过 4000 人的中文家教从业者,每名家教的学生规模从两三人到几十人不等,教学内容通常根据学生需求而定。印度尼西亚中文教学在当代出现复苏并得到迅速发展,但还面临着许多新的问题,比如师资方面,教师年龄结构不合理、老龄化严重、学历层次低、专业结构欠合理等。又如印度尼西亚缺乏本土化的中文教材,目前尚无一本根据印度尼西亚实际情况编写的中文教材。

1.4.6 也门

也门汉语言文化传播的历史较为久远,从汉唐以来中国文化向中东国家传播开始,中国文化就对也门产生了巨大的吸引力。

公元 7 世纪以前，中国和也门之间的沟通交流主要是通过海上丝绸之路来建立的。丝绸之路促进了几个大洲之间的商业繁荣和发展，以它巨大的影响力、深远的战略意义、广阔的文化内涵，对也门乃至整个世界文明产生了巨大的推动力和影响力。也门很久以前就是东方和西方海上交通的重要枢纽，作为世界贸易的通道已经有 300 多年的历史了，这个通道历史上称为"乳香之路"。乳香之路一共有两条路，一条是海上交通，另一条是陆路商贸。陆路通道的起点位于阿拉伯半岛的南部地区，离阿拉伯的港口非常近。海上的交通路线从阿拉伯的南部开始出发，沿着红海一直北上，到达埃及和其他地区。不管是走海上运输还是走陆地运输，乳香之路的必经之路都是也门。作为联系阿拉伯和中国的重要枢纽，也门起到了非常大的作用。中国的货物沿着海上丝绸之路一直到也门，再由也门转到埃及、北非和南欧等。也门海上丝绸之路的贸易曾经十分繁荣，在古代留下了不可磨灭的痕迹。

15 世纪，也就是明朝时期，中国出现了一个伟大的航海家——郑和。他多次率领他的船队一路沿着海上丝绸之路到达阿拉伯地区各个国家进行商业上的沟通与交流，为中国和也门的文化交流与商业发展做出了巨大的贡献。因此，直到今天，亚丁港还保留着用来纪念郑和的纪念碑。亚丁港坐落于红海和阿拉伯海的交界处，其地理位置十分优越，各个国家的商人都到那里进行海上的贸易活动。亚丁港作为古代海上丝绸之路重要的一个交通枢纽，它的兴起为海上丝绸之路的发展做出了巨大的贡献，在历史上具有重要的战略地位和不可磨灭的功绩。20 世纪 60 年代，中国提出了支持也门的政策，对也门的发展提供了很多帮助，中国和也门在政治、经济等多个领域都有交流和合作。

2013 年中国提出"一带一路"倡议，对也门的影响非常巨大，不仅为两国搭起了友谊的桥梁和合作的新平台，为中国和也门的合作带来了新机遇，也为两国的经济带来了巨大收益，有助于也门经济的发展。2013 年哈迪总统到中国访问时与我国签署了教育合作协议，其中包含在萨那大学开设中文系的内容。中国积极鼓励在也门高校中开展汉语教学，希望更多也门青年人学习汉语，加深也门年轻一代对中国的了解，增进两国的友谊。2014 年中国驻也门大使常华在也门会见萨那大学校长阿卜杜勒哈基姆，双方就也门的汉语教学等问题交换了意见。阿卜杜勒哈基姆表示，中也传统友谊深厚，近年来也门青年学习中文的热情高涨，在萨那大学开设中文系有利于宣传中国文化，促进两国的友好合作。萨那大学希望与中方有关部门密切配合，做好在该校开设中文系的各项准

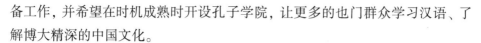

备工作，并希望在时机成熟时开设孔子学院，让更多的也门群众学习汉语、了解博大精深的中国文化。

虽然中也两国经济贸易往来历史悠久，但是也门汉语言文化传播始终面临着很多问题与挑战。从地理位置来看，虽然也门处于优越的枢纽位置，拥有重要的港口，交通便利，但是也门地区汉语言文化的传播效果并不理想。目前还存在如下问题：(1)缺乏专业的中国汉语教师；(2)本土教师培养很难达到标准；(3)文化活动稀缺；(4)受众群体对两国的文化差异认识不足。

1.5 "一带一路"背景下汉语言文化国际传播面临的新挑战

在"一带一路"建设的推进过程中,文化传播起着非常重要的作用。汉语言文化国际传播让世界愈加了解真实的中国,也面临着诸多挑战和发展瓶颈。

1.5.1 文化传播队伍建设有待加强

汉语言文化传播想要立足于长远发展,国际中文教师在中文传播的过程中责任重大。但是,目前海外中文教师的师资力量较为薄弱。近年来"一带一路"沿线地区掀起了"中文热",很多国家孔子学院的传播队伍建设与快速发展趋势并未匹配,其中以教师工作的持续性、教学水平和本土师资等问题较为突出。

(1)教师工作持续性问题有待解决。孔子学院的教师构成一般为公派汉语教师和本土汉语教师,也有一部分志愿者和中国留学生被聘任为汉语教师。国家公派长期出国的汉语教师任期一般为两学年。虽然规定任期期满后,聘用单位若有特殊情况要求延聘教师,可以向国家汉办提出延长教师聘期的要求,但实际情况中延聘教师数量非常少,大部分教师因工作、家庭等各方面的原因在任期满后选择了回国。新来的老师又要面临新的适应期,而学员面临教师的更替,也需要一定的时间来适应新老师的教学方式。如此一来,教师的持续性问题直接影响了教学经验的传承,其中教师与学员的适应期对文化传播效果有不同程度的影响,包括孔子学院的一些工作也会出现一定的断层,给接任的教师带来诸多挑战。

(2)教学水平有待提高。教学水平主要受到教师和教材内容的影响。教师的持续性问题得不到解决,会带来另一个问题——教师短缺。为满足课时需要,同一个班上的学员会更多,教师做不到对每一个学员有所了解,只能依照班上的整体进度进行上课,这样很难兼顾到各个层面学生的学习,从而在一定程度上影响了教学水平。教学水平实质上是一个综合问题，并不是单从师资选拔和培养上就能解决的。随着"汉语热"的持续升温，在孔子学院的扩建和发展中，若教师和教材跟不上其发展的脚步，必将影响教学水平，从而制约孔子学院更深远地发展。

（3）教学理念和教学方法有待更新。由于部分教师自身水平不足和发展的局限性，又未接受现代化教学理念的培训，缺乏科学、先进的理论支持，难以形成合理的教学观念，教学缺乏深层次的思考和探讨。在海外中文教学课堂上，不少教师注重读写而忽视学生运用中文交际的能力，更不用说跨文化交际能力。多数中文课堂以知识灌输为主，文化实践活动偏少，学生对中华优秀传统文化知之甚少。海外中文教学中，还有一部分教师不能灵活运用现代教学手段和教学方法，除会用电脑制作 PPT 及播放网络视频和动画外，对其他现代媒体技术手段利用得较少。这些在一定程度上影响了汉语言文化国际传播。另外，很多中文教师缺乏跨文化交际能力，更难以满足当前对国际中文教师的要求。

中华文化承载着中华民族最深厚的精神追求，代表着中华民族独特的精神标识，每一个中国人都有传播中华文化的义务。因此，我们迫切需要一批熟悉当地文化、当地学生学习特点，同时又能流利使用学生的母语和中文，教学训练有素，能够快速适应海外中文教学需求的中文教师，为汉语言文化国际传播事业贡献力量。

1.5.2　文化传播内容欠深入

文化传播内容丰富多样，但其深入度还有一定欠缺。汉语课程涵盖面广，但教材内容的本土针对性不强。孔子学院文化活动丰富多彩，但活动注重形式多于内涵，学员参加后知其然不知其所以然。文化传播内容深度不够，对传播效果有一定影响，不利于孔子学院的长远发展。

（1）文化内容本土针对性不强。孔子学院比较通行的教材都是国家汉办专门为各地孔子学院定制的，其主要内容大致相同，均是出自一个译本的翻译，并没有针对本土的教材。要想通过一套教材满足全球学员的需要明显是不可能的，这样的教材难以适应本土教学中不同程度学员的需要，千篇一律地讲汉语基础知识对于学员来说是十分枯燥的，对于没有语境和语感的学员来说，无疑增大了学习难度，一定程度抑制了他们进一步学习汉语和文化的兴趣。融合本土文化开展文化传播是教材编写很重要的议程，只有做到因地制宜，编写有针对性的、充分尊重本土学员及本土文化的教材，才能更有利于孔子学院的文化传播，也才能更好地立足于汉语言文化传播的长远发展。

（2）文化活动过于注重形式。孔子学院举办的文化活动涉及了中国文化的各个方面，如中医、武术、书画、音乐、京剧、美食等，活动举办往往盛大热闹，泰国民众或学员因为对中国文化好奇都愿意参与到活动中来，体会一下中医的神秘，打打太极拳，看看书画，唱几首中文歌曲，但民众和学员对中国文化的认知只停留在物质文化层面上，对于精神文化的理解还不甚了了，没有体会到蕴藏在中医、太极、书画等内容里的中国的"天人合一""人与自然和谐相处"的精神内涵，并没有真切地领会到五千年来的中国文化深层次的精髓。中国文化孕育数千年，与中国民众的生活相融合，形成了独特的内涵和寓意，因此在活动形式的设计和活动内容的挖掘上泰国孔子学院还需多下功夫，要真正使学员能够透过现象看本质，让中国文化的博大精深烙印在他们心中。

1.5.3　文化传播媒介的运用有待深化

传播媒介一方面指信息传递的载体、渠道、中介物、工具或技术手段，另一方面指从事信息的采集、加工制作和传播的社会组织，即传媒机构。目前孔子学院进行文化传播主要运用的传播媒介是纸媒和电子媒介，纸媒主要以书籍为主，电子媒介主要以广播媒体和网络媒体为主。广播媒介为广播孔子学院，由中国国际广播电台(CRI)与孔子学院总部共同创建，通过广播孔子课堂，向世界各地孔子学院学员进行汉语教学和文化推广。网络媒介主要为网络孔子学院，通过学习汉语、体验文化、社区、考试四个板块达到文化传播的目的。目前电子媒介发展迅速，运用广泛，手机和网络成为人们生活必不可少的一部分，但是从泰国孔子学院的电子媒体的使用情况来看，与新媒体的结合度显然是不够的，而且主用的网络媒体使用率也比较低。

1.5.4 文化传播受众不均衡

从整体规模上看,在"一带一路"沿线国家中,来自东南亚和南亚的来华留学生数量相对较多,发展趋势较好,而来自其他沿线国家的来华留学生数量则较少。

从生源国结构来看,"一带一路"沿线的东南亚、南亚的国家和俄罗斯是中国留学生的主要来源国,而中东欧的来华留学生则较少。来华留学生高度集中在某个区域或某些国家,这对来华留学教育的长远发展提出了挑战。

从学历结构来看,非学历教育是"一带一路"沿线国家留学生的主要形式,且绝大多数是普通进修生,而包括研究生在内的高层次来华留学生人数所占比例较小,来华留学教育存在学历层次偏低的问题。

从专业结构来看,来华留学生专业分布不均衡,学习中文专业的人数约占来华留学生人数的50%,这与全面推进"一带一路"建设所需的多元化专业人才需求匹配度不高。

1.5.5 孔子学院在"一带一路"沿线国家有待进一步 均衡布局

孔子学院已经成为传播中国语言和文化的主要平台和渠道之一。截至2020年,"一带一路"沿线国家的孔子学院和孔子课堂数量分别占约27%和12%,地区间分布仍不平衡,南亚、中亚、西亚和北非的国家和除俄罗斯之外的独联体国家的孔子学院(课堂)数量较少。孔子学院的这种分布模式与"一带一路"建设对汉语言文化国际传播资源的需求存在较大差距,孔子学院应切实参与到"一带一路"建设当中。因此,在"一带一路"沿线国家,孔子学院的布局规划与"一带一路"倡议布局需要进一步有效对接。为了进一步促进汉语言文化国际传播,助力全面推进"五通"建设,迫切需要加强孔子学院在地理上的战略布局。

1.5.6　全球化背景下各国语言推广机构竞争激烈

作为国家国际影响力的重要组成部分，语言传播早已引起了各国的重视，各国纷纷建立语言文化交流机构来传播本国的语言文化。法语联盟、英国文化委员会、歌德学院、塞万提斯学院、但丁协会等世界著名语言文化推广机构已在世界上具有重要影响力。其中，英语仍然是世界上唯一被大多数国家认可的"全球通用语"。相比之下，孔子学院还很年轻，中文教学、管理机制、服务功能等各方面都有待进一步完善。在全球化背景下，孔子学院能否在各国语言文化传播机构中脱颖而出，怎样才能在传播汉语言文化中做出更大的贡献，是当前值得深思的问题。

第二章

汉语言文化传播与"5G+VR"技术

随着科学技术的飞速发展，信息技术已渗透到经济发展和社会生活的各个方面，全民教育、优质教育、个性化学习和终身学习已成为信息时代教育发展的重要特征。目前，人工智能、大数据、虚拟仿真等现代信息技术广泛应用于教育教学过程，促进了优质教育资源的全面覆盖，缩短了不同地域间优质教育资源的调配差异，实现了教育公平。《教育信息化 2.0 行动计划》正式宣告了教育信息化从 1.0 进入 2.0 时代，以人工智能为核心，融合了大数据、云计算、虚拟现实、5G、互联网等技术的数字科技正在成为支撑教育变革的重要力量，推动着教育向智慧教育形态嬗变。过去受技术所限，我们无法突破时空的限制，随意获得真实情境下的学习体验，但是现在，虚拟现实技术却可以让这种"奢望"变成现实。

人工智能、大数据、虚拟仿真等现代信息技术已广泛应用于教育教学过程，促进了优质教育资源的全面覆盖，缩短了不同地域间优质教育资源调配的差距，实现了教育公平。《新媒体联盟地平线报告》已连续多年将扩展现实技术列为教育领域最具发展前景的新兴技术之一，近年来，作为扩展现实技术之一的 VR 技术(虚拟现实技术)以其沉浸式、交互式、体验式的特征逐渐为教育领域所关注。北京语言大学的崔希亮教授在一次讲座答疑环节中表示，云计算、

VR 技术、人工智能技术等前沿科技在汉语国际教育领域的应用研究是非常有研究前景的，北京语言大学已经开始与科大讯飞这样的前沿科技企业展开合作。VR 技术的飞速发展，不但可以为线上线下汉语混合式教学模式的创新发展提供技术支持，还可以为汉语教学中线上教学交互性差以及海外汉语教学长期缺乏社会文化语境的难题提供新的解决方案。

2.1 基于 5G 的汉语言文化内容传播技术的升级

2.1.1 5G 介绍

5G 又被称为第五代移动通信技术（5th generation mobile communication technology），是一种具有高速率、低时延和大连接特点的新一代宽带移动通信技术，能有效实现人机物互联。5G 的国际技术标准主要是为了满足灵活变化的物联网需要。5G 为了支持其三大应用场景，在 OFDMA 与 MIMO 这两项基础技术上，采取了全新的系统设计。在它的频段方面，和 4G 所支持的中低频不同，考虑到中低频的资源十分有限，5G 同时支持中低频与高频频段，其中低频主要满足覆盖和容量的需求，而高频则主要满足在热点区域中达到提升容量的需求。5G 还专门针对中低频与高频设计了一套通用的技术方案，而且支持百 MHz 的基础带宽，同时为了支持高速率的传输以及更优覆盖，5G 还采用了 LDPC、Polar 的新型信道编码方案以及性能更强的天线技术等。

2.1.1.1 5G 的发展历程

5G 是为克服 4G 网络速率不快、连接数量不足、容量不大、通信质量不好等局限，满足未来人类社会通信发展需求而推出的、具有革命性意义的新一代移动通信技术。2013 年年初，欧盟启动了面向 5G 研发的 METIS 项目，拉开了一场对人类未来发展具有革命性意义的科技竞赛的序幕。同年，韩国也开始启动关于 5G 研发的"giga Korea"项目。而中国为把握新一轮科技革命的制高点，增添中国移动通信技术在全球发展的主动权，在 2013 年正式成立了关于 5G 研发的 IMT-2020 推进组。除此之外，美国、日本和巴西等国家也纷纷成立了推进 5G 开发建设工作的官方组织，并通过组织、参与每年定期举办的国际 5G 峰会的方式来增加其在国际移动通信领域的影响。

近年来,随着世界各国对 5G 研发力度的不断加大,5G 相关技术的标准也在不断地完善,5G 的需求和愿景也在不断得以明确。2018 年 6 月,5G 第一个商业化通用标准 R15 标准被冻结,世界各国由此纷纷展开 5G 移动通信技术的规模实验。2018 年年底,韩国率先推出 5G 商用服务,成为全球首个推出 5G 商用服务的国家;美国、瑞士、英国等国家也紧跟其后,于 2019 年中期实现 5G 商用;而中国于 2019 年年初在全国各大城市推行 5G 商用试点,2019 年 10 月31 日,工业和信息化部副部长陈肇雄等人在 2019 年中国国际信息通信展览会开幕式上正式启动了 5G 商用。

随着中国工业和信息化部对 5G 商用牌照的发放,我国在 2019 年正式进入5G 商用元年。全球移动通信系统协会 GSMA 的报告显示:截至 2021 年 8 月中旬,已有 137 个国家和地区的 461 家运营商正在投资 5G,包括实验、获取许可证、规划、网络部署和启动,这一数字还将继续增长。一时间,翘首以待的万物互联"5G 时代"已经提前来临(见图 2.1)。同时,国内有关部门在 5G 产业发展方面扩大布局,不断加快 5G 设备研发的进程,使我国在 5G 设备、终端等产业处于世界领先地位。

图 2.1 5G 时代

2.1.1.2 5G 的关键技术

5G 作为一项具有颠覆性与革命性意义的新一代移动通信技术，不仅仅是字面上4G 的延伸，更重要的是 5G 关键技术的全面革新。目前学界对于 5G 关键技术的探讨主要从技术层面和应用层面两方面展开，5G 在两个层面上的若干关键技术见图 2.2。

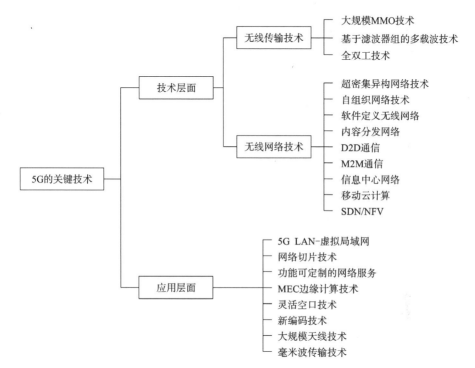

图 2.2 5G 在技术层面、应用层面上的若干关键技术

技术层面上，5G 标志性关键技术主要体现在超高效能的无线传输技术和高密度无线网络技术。在 5G 无线传输技术和网络技术中又包含若干关键技术，例如，5G 无线传输技术中包含能使频谱效率和功率效率再升一个级别的大规模 MIMO 技术、能同时同频进行双向通信的全双工技术及基于滤波器组的多载波技术等；5G 无线网络技术中包含能大幅提高网络系统容量的超密集异构网络技术、可实现网络智能化的自组织网络技术、软件定义网络 SDN、内容分发网络 CDN、设备到设备（D2D）通信、M2M、信息中心网络、移动云计算、软件定义网络/网络功能虚拟化(SDN/NFV)等技术。

应用层面上,5G 关键技术主要在于其 5G LAN-虚拟局域网、网络切片、功能可定制的网络服务、MEC 边缘计算、灵活空口、新编码、大规模天线、毫米波传输等功能性技术。例如,可使终端与企业网在同一局域网内、支持企业人员对终端灵活管理的 LAN-虚拟局域网技术;为垂直市场(制造业、汽车、媒体、医疗、娱乐等)新兴产业带来创新机遇,并可将物理网络划分成多个虚拟网络,实现不同服务需求功能的网络切片技术;为满足 5G 场景下不同业务终端的差异化通信需求的灵活空口技术;能有效扩大用户连接数量与网络传输速率的大规模天线技术等。

5G 创造了由量变到质变的一种全新形态,具有速度更快、容量更大、可靠性更强的特点。3G、4G 为我们开启了移动互联网的新时代,而 5G 则是将移动互联网领域拓展到移动物联网领域,将原来人与人通信的服务载体拓展到人与物、物和物通信。因此 5G 也可以看作是万物数据融合的一种平台,它能从本质上为我们创造出全新的且立体化的数字环境。

2.1.1.3 5G 的特点

一、高速度

5G 最突出的一个特点就是高速度,随着上网速度变快,用户体验与感受也有较大幅度的改善。5G 的基站峰值运行速度要求不能低于 20 GB/s,单个用户的上传或下载速度可达到 1 GB/s,这就意味着一个用户在网络下载一部高清视频所需要的时间可以缩短至 1 s,也意味着能支撑 VR 视频和超高清业务。5G 的超快速度将带来机遇,尤其是对速度有高要求的产业。

二、泛在网

5G 网络将会出现在生活中的各个场景及各个角落,随着业务的发展和需求的提升,5G 的广泛存在体现在两个方面:一是扩大覆盖范围,不仅包括我们日常生活的地方,还将到达高山、峡谷等地区,有利于对环境进行监测,能快速了解到地貌变化等,应用价值潜力大;二是提升覆盖质量,以前在电梯、地下车库、卫生间等地方往往网络信号差,上网体验差,5G 则可以提升网络品质。

三、低功耗

5G 将进一步实现物联网的高速发展，但是物联网产品需要能源支撑运行，现今只能依靠电池提供电源，若是在通信过程中消耗大量的电量，则用户对产品的接受度会降低，很难推广物联网产品，不利于推动物联网工业化发展。因此，5G 的另一个主要特点就是功耗低，可减少物联网产品对电量的使用，例如可以将充电时间延长到一周，甚至一个月，不仅能有效改善用户使用体验，还能加快物联网产品普及，推动物联网产业发展。

四、低时延

5G 对于网络时延的最小要求一般是 1 ms，甚至更低，而 4G 网络的反应范围是 20 ms~80 ms，对于无人驾驶、无人机、工业自动化而言，4G 网络无法满足其要求，5G 则能满足这些新领域的网络延时要求。以无人驾驶为例，当车辆高速运动时，如果想要制动，就需要在极短的时间内将信息发送到车上，并且及时做出制动反应，因为高速运动的车辆在 1 s 内的制动距离是很长的，甚至要在 100 ms 内冲出几十米，所以无人驾驶要求在极短时间内进行信息传递，因此低时延在这些场景中是必不可少的条件。

五、万物互联

万物互联是指使用互联网终端具有广泛性，不局限于目前的智能产品。5G 时代，移动终端将出现大规模增长，不只手机，随着人工智能的发展，生活中的每个产品都有可能通过 5G 接入网络，相互连接。家庭中的手机、眼镜、鞋子、门锁、洗衣机等，社会中的井盖、垃圾桶、电线杆、花池等，都将能通过 5G 网络成为智能设备，实现智慧家庭和智能管理。

六、安全

安全是 5G 之后的智能互联网的首要要求，是底层需要解决的问题。网络建设之初，就要建立专门的安全机制，做到信息加密。设想如果我们的智能家庭系统或者无人驾驶系统包含大量的个人信息，一旦被轻易攻破，那么大量的私人信息将遭到泄露，家庭安全将无法得到保障，无人驾驶将会威胁我们的生命健康。因此 5G 时代的基本精神就是安全、管理、高效、方便。

2.1.1.4 5G 在教育教学领域的广泛应用

随着 5G 高速移动通信大环境的形成,5G 得以在社会各个领域中实现广泛应用。2017 年,华为发布了《5G 时代十大应用场景白皮书》,该文件指出"5G 作为连接一切以及跨时代的技术,除了给人们带来极致的网络体验以及开启物联网时代外,还将在 VR 云/AR、车联网、智能制造、智慧能源、无线医疗、无线家庭娱乐、联网无人机、社交网络、个人 AI 辅助以及智慧城市等领域中得到广泛应用"。5G 作为新一代移动通信技术,网络是基础,服务是核心,具体应用才是关键。如何将 5G 更好地广泛应用在教育教学过程中,已成为当前教育研究、教育工作者们共同关注的课题。

如今关于 5G 在教育教学领域的应用,全国各地都在陆续开展相关的应用实践探索。例如,2019 年 2 月,华中师范大学举办了"教育拥抱 5G 时代:'5G+智能教育'行业应用"发布会并探索 5G 技术教育的实践价值;2019 年 3 月,中国首个"5G+智能教育"应用"5G·我即校园"在广东实验中学落地实施;2019 年 5 月,福建广播电视大学成立国内首个 5G 室联网联合实验室,以探索 5G 时代的教学创新,此外,2019 年 10 月,华南师范大学与广东联通签署《5G·智能大学》战略协议,并在现场展示"5G+全息互动课堂"技术来实现跨校远程全息互动直播教学,为师生们展现一场知识与科技融合的 5G 全息课堂……但是,这些实践探索还仅仅是小范围、局部的应用探索,距离其应用模式成熟进而大范围推广仍需较长一段时间。一方面,当前 5G 尚处于预商用阶段,其全面商用和应用场景的推广还有一定的距离;另一方面,应用的推广存在着众多错综复杂的因素,如建设资金情况、政策支持、学生家庭经济条件等。

结合 5G 的特点及当前移动通信技术的应用情况,5G 将在远程教育的实施、课堂直播的开展、在线课程的普及和智慧校园的建构等教育教学领域得以广泛应用。而随着 5G 不断地在教育教学领域中普及、应用,5G 的教育应用场景将不断扩展,5G 在教育教学领域广泛应用的教育信息化新格局也将逐步形成。

2.1.1.5 5G 的教育应用场景

据相关研究显示,5G 高速移动通信技术主要有增强移动宽带(eMBB)、超可靠低时延通信(URLLC)、大规模机器类型通信(mMTC)三大典型技术应用场景。而在教育教学领域中，基于 5G 的三大典型技术应用场景可在教学、教研、教育管理、区域治理、移动学习、教育公共服务等方面不断扩展延伸。

一、教学

如何利用技术促进教育均衡、实现优质教学资源共享是当下教育工作者关注的重点。具备带宽、低时延特点的 5G 则成为解决当下教育资源分配不均等困境的关键技术，这使远程教学、课堂直播、互动教学、AR/VR 教学等教学活动的开展成为可能。同时，5G 应用于上述教育场景中，将打破传统授课模式，重构当今的教育形态，使异地教学、远程全息教学成为可能。例如，在 2020 年年初的新冠肺炎疫情下，为应对延期开学所带来的影响，全国掀起了一股"停课不停学"的在线教学风潮，基于移动通信技术而展开的远程教学、网络在线课程、课堂直播、学生自主学习、电视空中课堂、互动教学等在线教学形式的教育应用场景不断涌现，让人们深刻体会到了利用移动通信技术展开教学的重要性与紧迫性，这也为将来 5G 打破传统授课模式和重构教育形态提供了丰富的研究案例和实践基础。

二、教研

在 5G 高速移动通信大环境下，教育工作者可以利用 5G 开展远程听课评课、在线巡课等教研活动。这不仅可以促进跨区域、智能化的教学改进交流，还可以实现教研活动的高效开展。例如，教研人员在与师生、课堂处于时空分离的状态下，可以通过 5G 移动网络和摄录一体化系统对某一教师、某一课堂进行听课评课以及巡课，并针对教师的教学、课堂管理、学生学习状态等情况进行分析与交流，进而实现教研活动的高效开展；但在远程听课评课、在线巡课开展之前，必须征得相关教学部门、教学人员的同意才可进行；同时在开展过程中，摄录系统也应有相应的提示灯对师生进行提示，以示尊重。

三、教学管理

5G 在教学管理方面的应用，将为校园安防、教学媒体的管理等应用场景提供极大的便利。例如，对所有构成智慧校园、智慧课堂的 5G 移动智能终端进行统一管理，实现对各类教学媒体的开关控制、故障提醒与分析处理、设备运行监控等系列操作；此外，在校园安防、媒体管理等教育应用场景中广泛应用

5G 还能减少各类媒体间的线路铺设、连接，从而降低智慧校园的建设成本和人员维护成本。

四、区域治理

主要指利用 5G 实现对区域教育问题的监控与改进，实现对教学的督导管理、对教育资源的调配等。由此还可延伸出远程巡考、远程督导及控辍保学等5G 教育应用场景。例如，在各类大型考试中通过 5G 网络对各个考场进行实时巡查、监控，及时了解各个考场的情况。

五、移动学习

移动学习(mobile learning)是随着移动通信技术的发展而兴起的学习方式。在 5G 高速移动通信大环境下，人们可以随时随处通过移动智能终端、互联网等接收优质而多样化的教学资源，享受高清在线课程、VR/AR 体验等移动学习过程。例如，教师和学生可以在任意的时间和地点，利用已有的移动设备和虚拟现实资源，针对某一特定的教学问题开展移动学习，在移动学习的过程中，教师和学生的问题意识及自主学习能力也将不断得到强化，相应地，这会对师生的思辨能力提出更高的要求。此外，5G 在推动移动学习发展的同时，也将对终身学习型社会的构建具有一定的促进作用。

六、教育服务

教育服务是由政府主导的、面向社会不同教育群体开展的普惠教育活动。在 5G 的支持下，教育服务可为社会不同的教育群体提供诸如 5G 支持的文博、全景校园观览等智能化、多样化教育服务。例如：5G 支持的文博可将文物数字化、立体化，结合虚拟现实技术，利用 5G 将博物馆中的历史文物呈现给每一个人，让人们能足不出户、身临其境地走进全国各大博物馆，感悟每一件文物背后的历史变迁与故事；此外，每位新生还可以利用 5G 网络零时延、高速率地观览所填志愿院校的校园全景，提前对志愿学校的人文、建筑及景色进行了解。

5G 在教育教学领域中拥有着巨大的发展潜力和广阔的应用场景。5G 将携手人工智能、大数据、云计算、虚拟现实、增强现实、学习分析、人脸识别等前沿技术，开启"5G+"教育应用的新时代。例如：以 5G 为基础的智慧校园的构

建、远程教育的开展以及智慧教育的实施等方面都将得以极大发展；同时，
"5G+"对教学信息的传播、资源的获取和教学媒体的变革都将产生巨大的
冲击。

2.1.1.6 5G 教育应用场景下现有教学媒体的种类

随着 5G 在教育教学领域的不断应用，整个教学媒体领域处于不断更新的
状态中。而现今在 5G 教育应用场景中，以课堂展示媒体、移动交互媒体、智
能穿戴设备、远程遥控与监测媒体、虚拟现实媒体为典型代表的教学媒体也正
得到初步应用。

一、课堂展示媒体

课堂展示媒体是指在课堂上用以展示教学内容、虚拟物体、操作步骤等教
与学活动的系列媒体设备，如交互电子白板、全息投影、投影柜、投影仪、3D
打印机和云桌面等。此类教学媒体由于可承载 5G、虚拟现实、全息投影等技
术，课堂展示媒体对软硬件的各方面性能都比较高，使得媒体的运行速率得以
极大提升。而随着课堂展示媒体各方面性能的提升，其对于信息的传输、呈
现、点击播放等方面的响应速率也变得更为快捷。此外，课堂展示媒体的高响
应速率使媒体自身的操作更为顺畅，再加上高清宽屏、立体投影等信息呈现手
段，无形中提升了师生对课堂展示媒体的用户体验感。

与此同时，交互电子白板、全息投影、投影仪、云桌面等课堂展示媒体所
展示的教学资源，往往是透过网络中的虚拟教学资源进行呈现的，因而此类教
学媒体展示的教学资源往往存储于云端之中，并在云端中完成信息处理等
操作。

二、移动交互媒体

随着移动通信技术的不断升级换代，各式各样的智能手机、平板、手提电
脑及智能机器人等移动交互媒体轮番登场、日益普及，并成为人们在日常的工
作、生活、学习中必不可少的工具。5G 时代的到来，这些常用的移动交互媒体
迎来大规模、大批量更新换代的同时，也将广泛应用于教育教学活动过程中，
为广大师生带来广阔的应用场景。

例如，各式各样的移动交互媒体在"5G+人工智能/虚拟现实"技术的支持

下，小小的移动手机、iPad 就可以成为一台集教学办公、教研、学习、交流等为一体的移动智能终端。师生们透过智能手机、iPad 等移动交互媒体，就可以极为方便地利 用 5G 网络对教学信息和教学资源进行无线传输，随时随地开展网络办公、网上学习和协同交流等教学活动。

因此，媒体的移动化与极简化成为移动交互媒体最为显著的特征，还能对教学信号和教学资源进行无线传输，从而有效地提高了教师和学习者的教与学的效率，促进了师生间的协同发展。

三、智能穿戴设备

智能穿戴设备(wearable smart devices)是指穿戴于人身体上、通过联网的方式来实现对数据的收集、存储、传递和分析等过程的一类媒体设备的总称，是为量化自我(quantified self)而随身穿戴的设备，按照应用领域主要分为辅助通信、医疗健康、游戏娱乐和安全应用四类。一方面，智能穿戴设备以其精巧极简、方便携带的特性深受用户们的喜爱；另一方面，智能穿戴设备又极具智能化，能有效地辅助人们的工作、学习和生活。因而智能穿戴设备具有极简化和智能化两方面突出的特征。

例如，便携可穿戴的智能手环以其轻便小巧、方便易用的特性备受人们喜爱，同时还可以通过联网的方式对个人的通信(通话、聊天记录)、位置(定位信息)、健康(体温、心率、呼吸频率、运动步数)、娱乐(游戏时间)等数据进行收集并上传云端，或者发送到智能手机程序进行智能化的量化自我，有效地实现设备间的智能互联与各类信息综合分析的功能；师生们还可以通过 Keygloves 手套、Muse 头戴、GoPro 相机、健身腕带 Force 等智能穿戴设备，将环境、云端中的虚拟数据合成到现实中，加强师生对周围环境的感知力；除此之外，用户还可通过 Google Glass(谷歌眼镜)、Yelp 眼镜连接后台软件，使用设备提供的翻译路标、拍照、视频和导航服务等功能。

总而言之，智能穿戴设备能通过设备间的智能互联及对各类数据信息进行综合分析等媒体功能，有效地参与到人们的学习、工作和生活中。

四、远程遥控与监测媒体

远程遥控与监测媒体是主要用于师生教学活动过程中的服务型媒体设备，是教育信息化进程中必不可少的教学媒体类型之一，典型的媒体有智慧校园安

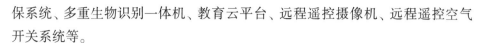

保系统、多重生物识别一体机、教育云平台、远程遥控摄像机、远程遥控空气开关系统等。

远程遥控与监测媒体除了能为师生提供一定的教育教学信息资源外，还参与到校园安保、设备管理与预警等智慧校园构建过程中。以现有的校园安防系统为例，学生在踏进校门的过程中，即可利用校园安防系统中的多重生物识别一体机对学生进行自动人脸识别，并将学生返校信息通过移动网络传送到教师与家长的终端上，为学生的返校安全保驾护航。此外，设备管理人员还可通过媒体终端对校园安保系统、远程遥控空气开关系统等媒体设备进行远程遥控与监测，实现教学媒体的一体化管理等。

换言之，远程遥控与监测媒体可通过 5G 网络进行相互连接、互联共通，使各类媒体有效地连接成为一个一体化的媒体系统，进而实现对周边环境、人、设备等各个方面的远程遥控与监测。

五、虚拟现实媒体

虚拟现实技术（virtual reality technology）是一种可以创建和体验虚拟世界的计算机仿真系统，简称 VR 技术。虚拟现实媒体则是可将虚拟与现实相互结合，给人以身临其境、沉浸式体验的一类媒体的总称。目前市面上较为典型的虚拟现实媒体有 VR 眼镜、VR 一体机、VR 体感游戏机、虚拟校园、Second Life、Visual Anatomy 及各类虚拟实验室等。在 5G 教育应用场景下，各类虚拟现实媒体不仅可以完成各类教学场景的高清视频拍摄、素材的采集拼接和实现教学资源的高速传输，用户还可以通过各类虚拟现实媒体随时随地无延迟地临场体验各类活动现场。虚拟化的教学媒体，让教师和学生们在沉浸于虚拟现实媒体所构建的虚拟环境中的同时，还能身临其境地体会到极致体验。

2.1.2　5G 驱动汉语言文化数字内容质量提升

5G 作为数字经济时代战略性的基础设施，是科技革命与产业变革中一项重要的驱动力，加快推进 5G 建设，能助力社会经济快速发展，增强国家的核心竞争力。对于文化产业而言，5G 也将为其带来深刻的变化，如可以促进数字化技术快速发展，进而推动文化产品和文化业态创新。例如我国传统的皮影戏采用数字化技术作为支撑,以大屏幕的方式进行放映,立即吸引了许多年轻群体观看,产业发展迈入了新的阶段;5G 支持的文博可将文物数字化、立体化,结合虚拟现实技术,利用 5G 将博物馆中的历史文物呈现给每一个人,让人们能足不出户、身临其境地走进全国各大博物馆,感悟每一件文物背后的历史变迁与故事;此外,每位新生还可以利用 5G 网络零时延、高速率地观览所填填志愿院校的校园全景,提前对志愿学校的人文、建筑及景色进行了解。在 5G 日益普及的社会背景下,虚拟现实技术、增强现实技术及 8K 视频技术等数字化技术的发展,势必能让我国的文化产业焕然一新。无论是形式还是内容,都将向我们展现一副全新的面孔。

5G 在教育教学领域中拥有着巨大的发展潜力和广阔的应用场景。5G 将携手人工智能、大数据、云计算、虚拟现实、增强现实、学习分析、人脸识别等前沿技术,开启"5G+"教育应用的新时代。对于汉语言文化而言,5G 时代的来临,也为其发展壮大提供了一片广阔的天地。汉语言文化与先进科技的碰撞将会催生出更多的新业态形式,这种新业态形式也更符合年轻群体的喜好,让汉语言文化传播的内容在建设和质量上都得到大幅度提升。5G 时代带来的数字技术能融合虚拟世界,拓展我们的想象空间。例如,时下最受欢迎的国潮 IP"数字敦煌"就是通过三维重建、焦点堆栈等数字化方案让包括莫高窟在内的 30 个洞窟整窟高清图像实现全球共享,让文物得以永久保存的同时,也让学术研究及多元利用变得更加便捷。通过举办"敦煌不再遥远"等数字化展览,运用多媒体及 VR/AR 等体验方式,让文化突破了时间和物理空间的限制,海内外的人们都可以通过数字化技术在世界各地畅游莫高窟,同时还能通过数字文创产品对莫高窟的周边加以孵化。根据各地不同的市场需求,把飞天等典型的敦煌文化元素通过设计转化成能够适应大众审美以及生活需求的创意产品,让我国的国宝不再是遗世独立的形态,而是在新的数字技术下得到新生。

除此之外,5G 时代的来临打破了虚实的边界,让数字世界和物理世界得以互动融合,汉语言文化和数字化的有机结合也能拓宽人们体验和想象的空间。例如在 2020 年的服贸会上,就展示了 5G 阅读的新模式,通过 5G 数字化技术将文字场景转变成动态的全域影像,颠覆了我们传统的阅读形式,从二维纸质版书籍阅读形式开始向沉浸式体验阅读形式转换,再通过裸眼 VR/AR 技术以及 3D 建模等技术的支撑,读者就能有身临其境的真实感受。另外,清代著名画家王原祁所创作的《皆山园图卷》,通过用数字化的 3D 建模技术对其以全景动态的形式进行呈现,受到了许多小朋友及其家长的喜爱,也让该作品的寓意更加具象,能让低龄儿童和文化程度不高的人群都能感知到作品表达的意境,也让大家对中国的传统艺术从心里产生更深的共鸣,这些都是非常典型的通过数字赋能文化的案例。在不久的将来,数字技术将以虚拟和实景互动的形式创造出更多的可能性,让汉语言文化产业在 5G 时代不断创新当中实现线上线下的融通发展。

2.1.3 5G 支撑汉语言文化交流传播形式创新

5G 时代为我们生活带来的巨大变化主要体现在新媒体技术的革新上,以人工智能为代表的 5G 数字化技术,从渠道、内容、终端、营销、用户等方面对传统媒体进行了全新的体系化构建。汉语言文化也能通过 5G 带来的"5G+短视频+后受众"的传播形式进行推广,从而在高维的传播情境之中提升汉语言的文化影响力。

传播技术是媒介更新和演进的重要手段,同时也对新闻观念、新闻意识与新闻思维方式的变革有着很大的影响。5G 催生了"智能化传播""沉浸式传播""视觉化传播""关系化传播"等多种传播形式。

一、汉语言文化的智能化媒介传播

5G 为我们提供了延时低、可靠度高的通信和覆盖率高的网络,让传感器更为智能化,也有效促进了移动终端的智能化。在今后的 5G 时代,低延时和大宽带的网络,能让所有设备都成为 IOT 设备,实现所有设备的智能化。"智媒时代"的技术背景就是体感技术、物联网、地理定位以及 AR/VR/MR 和 360°全景影像等技术在不同媒体行业的广泛应用。这些新的智能化媒介完全区别于传统的文字表述、视频音频技术及摄影技术等传统媒介形式。在 5G 时代,传媒行业的人机融合就是一种新的高级智能传播形态,5G 赋能促使智能技术向便于人机自然交流、自然交互的方向进化,人机功能进一步高度智能化和一体化,其不仅在万物互联中涵盖智能交互、语义搜索等功能,而且还包括智能匹配、智能择取甚至智能决策等效用。因此在网络的传输上,5G 已经能够给予内容传输强有力的技术保障。

对于汉语言文化而言，可以通过智能化媒介实现人与汉语言文化之间的交流互动。人工智能的智慧升级，再加上智能信息技术集群的迭代和加速演进，让互联网之中的交互连接也在不断优化升级，从人和信息、人和人之间的连接渐渐演变成人和人、物和物、人和物之间相互连通的智能网络。5G 时代，智能手机将变成移动设备当中最无趣的东西，因为我们身边的任何物品都可以成为移动设备。正如英特尔公司的营销总监朱莉·科珀诺尔所说的那样："当我们看智能手机时，我们会说这是移动设备，因为其他一切都被束缚了，但我认为这种情况会发生变化，不会再有移动，因为一切都将是移动的。"再加上 5G 网络几近零延时的特点，网络用户所请求的响应时间能快到让人无法感知。强大的计算能力叠加多维感知的物联网，能让汉语言文化真正做到千人千面。

将来，我们不再需要手机当中复杂的硬件基础，在各种不同的场景中都会有更为便利的网络接入口。例如在运动场景中或者户外骑行时的 VUFINE 智能眼镜，在家庭场景中的智能家居及智能音箱，在工作场景中依托 AI 的个人信息助理，整理个人身体数据和健康数据的可穿戴设备、私家车驾驶中的车载平台等，这些都可能成为除智能手机以外的其他智能传播媒介。

我们可以根据不同的生活场景运用不同的智能设备对汉语言文化进行传播，且这些设备之间还可以进行无缝衔接、互联互通。智能化传播媒介能让汉语言教师以远程视频直播的方式来授课，通过各种智能传播媒介，能让身处异国他乡的每一位学生都以虚拟和沉浸的感官方式如同亲身抵达教室一样，这能很好地解决孔子学院面临的师资短缺的问题。这就是 5G 所带来的万物皆终端的创新变革，让我们能够随时随地运用各种不同的设备来作为互联网的接入口，便能置身于虚拟的世界。

二、汉语言文化的高维视觉传播

随着人工智能技术在传播领域中的全面渗透，AI 和相关技术相结合以及 AI 赋能等，让 5G 开始重塑信息的传播形态。智能化、跨界化、个人化和移动化作为高维信息服务的四个基本要素，在不断智能化和移动化的生态环境之下，媒介逐渐向入场化的生活形式转变，因此所提供的媒介内容和产品必须要充分考虑用户的诉求，才可以吸引到更多的用户数量。在先进科技的驱动之下，通信技术、视频技术、交互技术及对数据的算法，为用户接受各类媒体增添了新的体验感，而这种体验感又开始向社交功能延伸。各种"私人订制化"的沟通产品开始展现出人工智能产业未来的发展趋势。

在 5G 的推动下，媒介产品转向视觉化，对于汉语言文化而言，随着视觉信息传播的进一步发展，汉语言文化的视觉传播也将实现创新变革和智能化突破，5G 必然会带来新一轮视频媒介的兴起。未来媒体将会出现以高清视频直播、视频新闻、短视频、VR 全景视频等综合创新发展的布局形态，汉语言文化在网络传播中也将以视觉化传播的信息呈现形式为主，将过去传统的文字阅读特别是大篇幅的文字内容阅读趋向边缘化。同时对于汉语言文化的传播还可以结合视觉信息的智能化发展形态，如以图像和视频信息为一体的智能搜索形式、以 AI 辅助流媒体信息传播等。这种形态能够激发高质量的视觉信息诉求，且为汉语言文化在视觉内容的传播、生产和管理领域提供新的发展机遇。目前在传统媒体所布局的三微传播之中，在技术赋能下，短视频传播形态持续升温，在各个短视频平台上，短视频的传播量和生产量占据比重日益增大，短视频也成为移动端信息传播的主要战场。在未来，短视频的发展还会有更广阔的天地，因此汉语言文化也可以依托短视频的延展性，构建语言文字视频生态的演化图景，使其成为受众易于理解接受的传播方式。

三、汉语言文化沉浸和场景传播

沉浸式传播的特点是以人为中心，以连接各种媒介形态的人类环境为媒介，目的是实现无处不在、无时不在、无所不能的传播。借助 5G 网络为 VR/AR 提供的所需的传播条件，其带来的沉浸式传播体验将突破传统传播形体中时间维度和空间维度的束缚，让用户在模拟环境中难以辨别虚拟与现实的真假，达到信息沉浸式传播。可见 5G 的全面附着力，再加上虚拟现实技术、增强现实技术及混合现实技术，结合可视化穿戴设备，如头盔、眼镜等，能够使得"媒介"不再和人群离散，而是在传播活动中共同渗透到社会的整个机体当中，对人们的生活状态加以重构。

"网络"在这个全新的媒介沉浸时代，不再是所有媒介的中心点，而是被定义为一个联结的背景。例如 5G 的智能电视超大屏时代，受众收视行为将进一步开始"向非直播转变"加速转变，并呈现出 OTT 和 IPTV 快速普及、头部电视内容价值转向大屏回看颠簸扩散、非直播收视快速增长、OTT 和 IPTV 的受众愈加年轻化、电视收视入口转向点播、收视初具规模等特点。此外，超高清的场景化传播也是 5G 时代的新趋势，新媒体科技作为引发社会变化的一个重要动因，让受众逐渐接受和认同了虚拟场景。对于汉语言文化而言，想要借助新媒体和新技术来激发汉语言文化在传播上的快捷性，就需要更好地把握移动互联网时代的特征。

四、汉语言文化基于后受众时代的关系传播

5G 时代背景下，传播渠道及传播中介逐渐凸显出智能化、差异化等发展趋势，因此，用户的自主选择、个性化需求及用户满意度将逐步成为信息能否实现高效传播及深度渗透的重要判定指标。在后受众时代，将目标受众划分后呈现出“融媒体、多维度、跨平台”三大特色。因此在对“后受众”进行分析时，我们需要突破“媒介组织”“媒介内容”“传统受众”这三大要素来对 5G 时代文化传播平台的受众加以全面认知。从汉语言文化传播的实践角度来说，主流媒体对汉语言文化传播平台及传播方式的整合使用仍在进行，但是这一过程仅仅是体现出传统媒体对自身管理规范、专业期许和社会愿景等方面和互联网技术进行交流互动的结果。5G 时代开启以后，媒体的内容及用户的界面都变得十分丰富，汉语言文化也能在这一基础上，针对不同的用户群体来制定个性化的传播策略，让用户选择学习交流方式，实现传播方式上的多样化发展。

2.1.4　5G 拓展汉语言文化传播应用场景

从 1G 时代到 5G 时代，互联网信息技术的变迁，让汉语言文化有了更多可行的传播方式和途径。例如网络平台的搭建，可以为汉语言文化传授提供远程教学、讨论协作、在线电子读物阅览等便利。汉语言教师可以运用数字化技术进行教学备课，让汉语言文化的传播更加生动有趣，为受众喜闻乐见。在信息技术引领下，受众可以将手机、电脑、平板等数码产品当作自己的学习工具，随时随地登录“指尖课堂”。但是在 5G 时代以前，这些方式更多依赖 Wi-Fi 和有线网络所覆盖的区域，网络终端经常会出现不能及时有效管控的情况，使得汉语言传播内容不够精准有效。随着 5G 时代来临，这些过去的缺陷和不足都能得以有效弥补。我们可以借助 5G 时代的新技术和新模式去探索更多有效的途径来开展汉语言文化传播，主要可以采用以下形式来对其进行应用。

一、运用优秀视频传播新载体，大力拓展汉语言文化传播信息量

视频作为和我们真实生活最为接近的一种信息形式，也是最能够帮助人们摆脱虚拟和抽象、直接接收信息的传达渠道。开展汉语言文化传播时，相对于图片、文字和音频而言，视频所能够容纳的信息量更大，同时具有更高的获取效率和贴近现实的可靠度。例如，一段模拟中国古代人们生活场景以及使用汉语言的习惯方式的视频，相比文字和图片而言，能够让受众对汉语言文化有更全面、更准确的整体认识。在 4G 时代，用视频的方式来开展汉语言文化传承就已经较为普及了，比如在孔子课堂教学中播放相关的视频，结合慕课平台能进行视频在线学习，结合抖音、快手等移动端平台可以进行汉语言文化的宣传展示等。但是这些方式会受到网速的限制，在下载、上传及播放时容易造成卡顿，使受众观感体验受到影响，也无法满足实时传播的需要。与此同时，视频的内容在检索时若涉及语音识别、图片识别等 AI 技术，也不能如图片搜索、文字检索一样准确、便捷。然而在 5G 的支持下，这些问题都能得到妥善处理。5G 热点所具有的高容量特点，能让受众在任何人员密集、流量需求巨大的区域流畅地播放视频。而且在视频的存储、制作和检索上，也能像图片、文字一样便捷有效。汉语言文化可以适应当前视频这一火爆的发展趋势，将短视频作为传播汉语言文化的重要手段，比如给古诗词配上视频画面与背景音乐，用动画技术对古代生活场景进行还原，拍摄系列故事短片重现汉语言文化内涵等，以此大力增强汉语言文化对受众的吸引力及有效性。此外，还可以结合实时视频直播的方式来进行推广传播。这一模式具有高效、便利、低门槛、资源互通、低成本的特点，也将成为汉语言文化传播的重要推手，使传播画面更为高清，有效实现汉语言文化资源共建共享，让不同国家和地区的受众都可以享受到优质的资源。

二、创建虚拟现实场景新模式，搭建连接汉语言文化学习及实践的桥梁

VR 技术是一个能够创建和体验所构建的虚拟世界的一种计算机方针系统。它结合高性能的计算机生成了一种模拟的三维虚拟世界，将多源信息进行融合、交互，形成三维动态视景及实体行为形式的系统仿真。它主要包括 VR、AR 和 MR 等不同的技术类型。受众可以利用相关设备在其构建的虚拟世界中进行听觉、视觉和触觉的虚拟感知，进而产生一种亲临其境的真实感受及体

验。国内外有很多关虚拟现实技术的研究，研究表明借助于虚拟现实技术对学习环境的模拟能对汉语言传播产生巨大的辅助及促进作用。但是由于虚拟现实技术对视频和图像的要求很高，而 4G 时代受到了技术方面的限制，导致制作成本偏高、配套设施没有普及、模拟场景失真等问题，尤其是数据的传输型有限，造成分辨率低下，用户在体验时容易产生晕眩感。5G 时代具有高速率、泛在网、低功耗、低延时的传输特性，这种特性在与 VR、AR 技术相融合时，能为受众提供身临其境、仿若真实参与的认知感，成为身体和环境进行有效互动的途径和场景。我们在将汉语言文化和虚拟现实相结合进行传播时，主要可以在以下场景中进行运用。

(1)虚拟实景导览：将汉字博物馆、古代文化游览馆、历史博物馆等进行虚拟复原，让受众能够随时随地参观游览这些富含汉语言文化的实景实物。

(2)对历史片段加以复原："穿越时空"，回到过去的任意一段历史当中，沉浸其中，感受中国传统历史文化的熏陶。例如对宋代岳麓书院教师讲学时的场景进行复原，让今天的受众与古人一同回到宋代岳麓书院的现场来感受灿烂文化的传承。

(3)文化意境的具象化：针对古诗词、古文中的文化意境和语码，结合虚拟现实技术在听觉、视觉和触觉上构建与其相对应的具体场景，并让受众可以理解和把握文章及诗词当中所蕴含的情感。例如，范仲淹的《岳阳楼记》，可以用虚拟现实技术构建岳阳楼及其周边的山水景观，同时利用相应的图片、视频形式进行辅助展示，让受众在虚拟的场景之中体会作者所描述的"不以物喜，不以己悲"的古仁人之心以及"先天下之忧而忧，后天下之乐而乐"的爱国主义情怀，这样更能让受众跨越悠久的历史长河和范仲淹一起实现心灵上的互通。

(4)将汉语言文化融入游戏之中：通过结合 VR、AR 的游戏形式让受众能在游戏情境中受到优秀汉语言文化的熏陶。

三、搭载 AI 智能新技术，增强汉语言文化传播的精准性和针对性

进入 5G 时代后，人工智能应用场景将得以进一步深化并融入汉语言文化传播之中。中华文化博大精深，覆盖到民俗传统、精神思想、历史典故、诗词书画及复式建筑等各个方面。开展这一方面的学习传播时很难做到面面俱到，只能根据不同受众的兴趣爱好及特殊需求来进行精准灌输才能取得更好的效果。"5G+AI"智能传播能够通过整理学生在学习和关注汉语言文化的相关行为

数据，如学习时间长度、搜索关键词、学习反馈情况、重点关注范围等，对受众的自身兴趣、个人天赋、环境发展等因素进行多维度综合分析，真正做到为不同受众量身定制学习方案，因材施教，按照不同需要来传授相关知识。这种智能化的方式，能更好地保护受众在学习汉语言文化时的主动权和选择权，使他们能保持对汉语言文化学习内容的兴趣，让学习更具动力。同时，"5G+AI"的智能传播方式能够对知识的存储和输出方式进行重新定义，因此汉语言文化的相关知识点不会再局限于书本当中，而是可以全部储存在"云端"中，让受众可以随时随地通过"云端"来搜索和运用汉语言文化的相关资源。这也表明，5G 使"云端"成为大脑的一个延伸，利用这个外部大脑进行传播，也成为汉语言文化传播的一个重要手段。

四、融入互联新生态系统，拓展汉语言文化传播的数字新世界

结合互联网技术能为汉语言文化传播插上一双网络的翅膀，为受众学习和接触汉语言文化提供一个互动的渠道。但是这种渠道通常都是单线程进行联系的，例如我们可以打开网页学习一段视频，进入汉语言资料库寻找相关书籍，或者下载手机 App 进行相关课程的学习，通过网络社区论坛讨论某个与汉语言文化相关的内容等，这些方式虽然可以让学习汉语言的内容及渠道更加丰富，但是从宏观上来看，仍然属于点状分布的形式，并未形成一种闭合的生态学习系统，因此也不能取得"1+1>2"的效果。同时，由于过去技术层面的一些限制，数据采集在各个学习终端都处于孤立的状态，并不能集中反映出受众的整体学习教育情况。而 5G 时代则开启了万物互联的新格局，让人和人、人和物、物和物的连接及进行多重连接都成为可能。5G 使得现有教育学习终端具备"物联"的属性，也就是说，我们可以将图书馆中与汉语言文化相关的资料、受众学习传播的书本工具以及传授汉语言文化的媒介连为一体，同时传播汉语言文学的各类视频、文字、图片和音乐也能连成一体，不同终端之间的信息资源、不同学科和不同行业中所有关于汉语言文化的相关成果都能连接到一起，形成完整的汉语言文化传播生态系统。同时在这个生态系统中，5G 就是连接这些元素的桥梁，汉语言文化则是连接开启的密码。

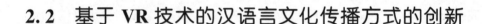
2.2 基于 VR 技术的汉语言文化传播方式的创新

2.2.1 VR 技术概述

VR 是 Virtual Reality 的缩写，它的中文意思即虚拟现实技术，早期曾被译为"灵境技术"。VR 技术是一种可以创造和体验虚拟世界的计算机仿真系统。它利用计算机生成一种多源信息融合的、交互式的三维动态视景的模拟环境，使用户能沉浸在该环境中。虚拟现实技术是多媒体技术的一种终极应用形式，它是计算机软硬件技术、机器人技术、传感技术、人工智能以及行为心理学等不同科学领域快速发展的结晶。VR 技术主要依赖于三维定位跟踪、三维实时的图形显示、人工智能技术、触觉和嗅觉传感技术、高速计算结合并行计算技术和人的行为学研究等多种关键技术的创新发展。

第一，VR 能够带来深层次的沉浸感，如显示设备带来的视觉沉浸，辅助设备带来的五感沉浸等；第二，VR 将内容丰富度从三个维度提升到五个维度的传统屏幕媒体，从平面两个维度+时间维度提升到空间三维度+时间维度+虚拟平行世界维度；第三，VR 能够完全突破地理限制，实现增强交互，使用者能够实现在虚拟世界的零距离接触。VR 作为一种计算机仿真系统，已经开始由单一向多元、由分立向融合方向演变，应用产业也在不断地扩大。

随着 5G 时代虚拟现实技术的普及发展，不同领域真正地实现了虚拟现实，引起了人类生活和发展的巨大变革。通过戴上数据手套、立体眼镜等特制的传感设备，再置身于一种三维的模拟现实之中，就仿佛处于一个具有三维的听觉、视觉、触觉乃至嗅觉的感觉世界，同时人和这个环境还能通过人的自然技能以及相应的设施来进行信息的交互。

VR 技术起源于 20 世纪 50 年代中期，当时有一名叫 Morton Heilig 的美国摄影师发明了世界上第一台 VR 设备，命名为 SENSORAMA，并于 1962 年申请了专利。这台设备也被后人认为是现今 VR 设备的鼻祖。

这个设备体积庞大，且屏幕是固定的，包括 3D 显示、3D 立体声、风扇（模拟风吹）、震动座椅及气味生成器。从这点也可以看出，早期人们对于 VR 技术的理解，已不再局限于视觉感官。到了 1960 年，Morton Heilig 又提交了一份更有巧妙设计感的 VR 眼镜专利申请文件，这套 VR 眼镜将 Weinbaum 小说里只存在于幻想当中的设备，在现实中真正实现了。

从它的外观上来看，这套 VR 眼镜的设计，跟今天我们看到的 VR 眼镜非常类似。不同的地方是，它只具有立体显示的功能，没有设计姿态追踪的功能。也就是说，当我们佩戴眼镜向左或者向右看时，眼镜里面所呈现的景象并不会发生任何变化。直到 1968 年，名叫 Ivan Sutherland 的美国科学家发明了与现代 VR 技术概念最接近的 VR 眼镜，但是因为它的重量过大，需要一对机械臂辅助将其吊挂在人头顶上，因此也被叫作"达摩克利斯之剑"。

该 VR 眼镜在技术上通过超声加上机械轴的方式，初步实现了对姿态的检测功能。佩戴时，当用户产生头部姿态的变化时，计算机就能够根据变化幅度的大小计算出新的图形，并实时传输给用户。也可以说，我们现在所使用的 VR 眼镜，都是在"达摩克利斯之剑"的基础上来实现其技术革新的。1990 年世界刮起了第一次 VR 技术的热潮，20 世纪 90 年代以后，随着市场对 VR 技术的热捧，作为 VR 技术中的必搭物，VR 眼镜也迎来了第一次被追捧的热潮。

20 世纪 90 年代初，国际市场上的各个媒体对 VR 技术的描述与我们现在所看到的十分类似：通过将这种高科技形式的玩具产品化，也引起了各行业人士及各个媒体极大的兴趣，全球各大游戏机公司都将 VR 技术看作是游戏行业的一次难得的变革机会，于是争先恐后地在游戏领域提供了自己专属的 VR 眼镜产品。这些产品的外观虽然和我们今天所看到的 VR 眼镜基本相同，但是在 20 世纪 90 年代并没有很成熟的 3D 渲染技术、显示器技术及动作检测的技术，因此给受众提供的观看体验达不到今天我们所说的"可用"标准。可是相对于传统的游戏形式来说，这种感官体验已经是一个巨大的飞跃了。其中比较著名的游戏公司如任天堂出品的 VR 眼镜（Virtual Bay）（如图 2.3 所示），就只支持红色和黑色这两种颜色显示，且单眼的分辨率也只有 384×224，因此让人感觉颗粒感十分严重。而其他的品牌，有的虽然也支持姿态检测，可是性能却不好。因此，当这些 VR 技术产品上市之后，都为市场上的玩家所诟病。后来，这些产品作为 VR 技术的“早产儿”，无一例外地从市场上迅速销声匿迹。以至于制造者们也纷纷认清了理想和现实之间的巨大差距，都偃旗息鼓，开始等待 VR 技术的进一步发展成熟。

图 2.3　VR 眼镜设备

时光总是转瞬即逝，到了 2012 年，VR 技术的热潮重启。在这一年，Oculus Rift 得以问世，这款设备是在 Kickstarter 的基础上众筹了 250 万美元设计出的一套 VR 眼镜设备，它将大家的视野又重新拉回了 VR 的技术领域，其创始人本来就是一个 VR 技术收集爱好者，他曾经用遍了流行于 20 世纪的形式各异的 VR 设备，体验感都不能令其满意，于是他决定自己动手对其进行改进，这样就有了 Oculus Rift。通过 Oculus Rift 这款设备，大家惊奇地发现，这些年来 VR 在其技术手段上已经悄无声息地发生了巨大突破。由此，人们对于 VR 技术的兴趣又被重新燃起，而这点也让企业找到了新的发展方向。在 2014 年，Google 作为开源界的老大哥发布了他们对于 VR 技术体验版的解决方案：取名为 Cardboard，并让人们以非常低的价格来尝试和体验新一代 VR 技术具有的视听效果。这一版的 Cardboard 方案，需要将自己的手机当作显示器。Cardboard

的结构其实比较简单，它的价格也非常便宜。而现在市场上各种需要手机进行嵌入的 VR 眼镜，如小米 VR、暴风墨镜等，设计的思路都是基于此展开的。到了 2015 年，在 MWC2015 上 HTC VIVE 正式发布。2016 年，索尼公司公布了 PSVR，紧接着大量的厂家都开始进行自己公司 VR 技术设备的研发，VR 技术的新元年正式开始。

虽然在各行各业中都可以用到 VR 技术，但是最为常见的还是在不同行业中的综合应用。例如地产漫游行业，运用 VR 技术可以进行直接报批，从而大大减少相互沟通的成本，提高人们的工作效率，因此，灵活运用 VR 技术在房产销售方面表现十分突出。开发商可以结合虚拟现实技术，在地产漫游板块中任意对图片或者一些片段进行截取，然后进行广告制造，这样客户就可以通过地产漫游的虚拟现实技术系统沉浸在极具真实感的房产设计中，身临其境地去感受，进而促进合作协议的达成，双方再进行交易，这种方式效率高、成本低，能够实现双赢。相关研究显示，通过虚拟现实技术进行房产漫游让客户访问率和达成购房协议的效果增加到了 30% 以上，其效果十分显著。VR 技术在虚拟样板间、空间布置、多类型车辆行驶及设计虚拟演示等不同方面的应用也比较深入、广泛。此外，VR 技术在生活中还有很多其他的运用，例如我们在电影院所看到的很多特技形态，就是结合 VR 技术来完成的，这些特效也给观众带来了更加震撼的视觉感官效果。

2.2.1.1 VR 技术的发展现状

一、美国对于 VR 技术的研究现状

VR 技术起源于美国，美国拥有全球主要的 VR 技术研究机构，如 NASA AMES 实验室就是 VR 技术的诞生地，该实验室指引着 VR 技术在不同国家和地区发展壮大。美国实验室从 20 世纪 80 年代起就已经开始对空间信息领域进行基础研究，在 20 世纪 80 年代中期创建了基于虚拟视觉环境的研究工程，后来又创建出了具有虚拟界面环境的工作机构。现在，虚拟行星探索成为美国 VR 技术研究机构的重点研究目标，该研究的重点内容是通过虚拟现实技术对遥远行星进行相关的研究工作。例如波音公司生产的波音 777 运输机使用的是全无纸化的设计模式，以 VR 技术作为设计基础，设计人员可以通过虚拟环境来对波音 777 运输机上的各种工件进行加工，从而大大缩减加工流程。

二、欧洲对于 VR 技术的研究现状

目前，欧洲的英国研究公司进行设计研究的 DVS 系统中包含着一些 VR 技术在各个领域进行实际应用的标准，而且该公司还对 VR 技术如何进行实际编辑设计应用了非常先进的环境编辑语言。因为编辑语言有所不同，所以在实际应用中其操作模型也各不相同，但是却能够和编辑语言进行一一对应。因此，在 DVS 系统进行不同的操作流程时，VR 技术也会展现出不一样的功能。对于 VR 技术在某些方面的研究工作而言，英国处于比较前列的水平，尤其是针对 VR 技术的处理和辅助设备的设计研究这些方面比较突出。

三、我国 VR 技术的发展现状

实际上，具有高度沉浸感的虚拟现实技术的出现可以追溯到 20 世纪 60 年代娱乐业中的传感影院，其目的是吸引观众的注意。到 20 世纪 80 年代，虚拟现实技术开始应用于娱乐业外，尤其是职业教育和培训，如利用虚拟现实技术模拟训练飞行员。到了 20 世纪 90 年代，美国研究人员在科学空间（science space）将虚拟现实技术引入基础教育和高等教育，研究项目包括：细胞生物学（cell biology）、全球变化（global change）、虚拟大猩猩展览（virtual gorilla exhibit）等。与世界上其他的发达国家相比，我国在 VR 技术的研究时间及研究成果上是相对落后的。在我国的计算机技术飞速发展及进步的同时，其他的各个行业也越来越注重虚拟现实技术的应用，因此 VR 技术在我国的研究也变得更加广泛和深刻，截至 2016 年，教育部已批准 300 个国家级虚拟仿真实验教学中心。目前，VR 技术已经成为我国国家科研工程中的一项核心工程，VR 技术的研究工作也受到了其他各大科研机构以及高校的认可与助力，相关研究成果也变得更为显著。例如，北京航空航天大学作为我国国内最早参与 VR 技术的高校，对于 VR 技术的研究比较具有权威性和代表性，他们主要针对 VR 技术中三维动态数据库及分布式的虚拟环境等方面来进行相关研究工作，并对 VR 技术中其他物体特点进行处理模式的探索。

2.2.1.2 VR 技术的特点

VR 技术也被称为"沉浸式多媒体"或"计算机模拟现实"，被认为是 21 世纪影响人们生活的重要技术之一，是一种综合了计算机图形学、人机接口技术、传感器技术及人工智能技术等多领域成果的新技术。这项提高人机交互的技术，能让人找到真实的视觉、触觉、听觉和嗅觉体验效果。虚拟现实和可视化技术是虚拟现实学习环境的核心技术。通过对数据的可视化表达和人机交互的分析，虚拟现实学习环境能够增强用户在计算机虚拟现实中的沉浸感。VR 技术具有以下五个重要特征。

一、沉浸性

沉浸性指身临其境的感觉。用户借助特殊的输入/输出设备，与虚拟世界进行自然交互，虚拟现实技术为用户提供视觉、听觉、触觉等感官模拟，用户能得到身临其境的体验感。

二、交互性

交互性指用户感知与操作环境。传统的人机交互通过鼠标和键盘与计算机进行交互，虚拟现实通过传感器与虚拟环境的任何物体以最自然的方式进行交互。用户对虚拟环境内的物体进行操作体验，如在真实环境中一样。例如，用户可以真实感受到物体的下落，手握虚拟杠铃时用户会感受到杠铃的重力和自己的握力。

三、想象性

想象性指用户能在虚拟环境中根据自己与物体的交互行为，通过联想、逻辑推断等思维过程，创造客观世界不存在的场景或不可能发生的环境。它可以理解为使用者进入虚拟空间，根据自己的感觉与认知能力吸收知识，发散拓宽思维，创立新的概念和环境。虚拟环境也是由设计者想象出来的，既可以是真实现象的重现，又可以是自身想象的结果。

四、多感知性

计算机技术应该拥有很多感知方式，比如听觉、触觉、嗅觉等。理想的 VR

技术应该具有一切人所具有的感知功能。但目前由于相关技术特别是传感技术的限制,大多数虚拟现实技术所具有的感知功能仅限于视觉、听觉、触觉、运动几种。

五、自主性

自主性是指虚拟环境中物体依据物理定律动作的程度。如当受到力的推动时,物体会向力的方向移动、翻倒或从桌面落到地面等。

2.2.1.3　VR的关键技术

一、动态环境建模技术

虚拟环境的建立是VR技术的核心内容。动态环境建模技术的目的是获取实际环境的三维数据,并根据应用的需要,利用获取的三维数据建立相应的虚拟环境模型。三维数据的获取可以采用CAD技术(有规则的环境),而更多的环境则需要采用非接触式的视觉建模技术,两者的有机结合可以有效地提高三维数据获取的效率。

二、实时三维图形生成技术

三维图形的生成技术已经较为成熟,其关键是如何实现"实时"生成。为了实现实时生成,图形的刷新率不能低于15帧/秒,最好是高于30帧/秒。在不降低图形的质量和复杂度的前提下,如何提高刷新频率将是该技术的研究重点。

三、立体显示和传感器技术

虚拟现实的交互能力依赖于立体显示和传感器技术的发展。现有的虚拟现实还远远不能满足系统的需要,例如,数据手套有延迟大、分辨率低、作用范围小、使用不便等缺点。虚拟现实设备的跟踪精度和跟踪范围也有待提高,因此有必要开发新的三维显示技术。

四、应用系统开发工具

虚拟现实应用的关键是寻找合适的场合和对象,即如何发挥想象力和创造力。选择适当的应用对象可以大幅提高生产效率、减轻劳动强度、提升产品开发质量。为了达到这一目的，研发人员必须研究虚拟现实的开发工具，如虚拟现实系统开发平台、分布式虚拟现实技术等。

五、系统集成技术

由于虚拟现实中包括大量的感知信息和模型，因此系统的集成技术起着至关重要的作用。集成技术包括信息同步技术、模型标定技术、数据转换技术、数据管理模型、识别和合成技术等。

2.2.1.4　VR 技术的发展前景

随着 VR 技术呈现的内容日益丰富，其商业模式也将更具多样化的特点，VR 技术变得更加主流化。而未来 VR 技术的发展趋势也受到业内更广泛的关注，从现有的技术体系来看，VR 技术呈现出四大发展趋势。

一、VR 技术将以更多的 360°全景内容来呈现

360°全景内容通常比常规的视频及内容更容易获得受众的关注，该数据主要是根据 1000 多个广告系列的视频点击数和总体参与度进行分析总结所得出的结果。VR 技术可以为我们带来身临其境的真实感，因此看房购房、服装试穿、家装装饰等行业都在灵活对其加以运用。VR 技术城市全球联营平台相关商家都开始通过拍摄 360°全景的视频进行产品宣传，今后，我们也能看到更多360°全景视频拍摄的 VR 传播内容。

二、广告传播会采用更多 VR 技术广告形式

这种形式的案例数量正日益增多，例如谷歌就制作了一些结合 VR 技术的广告，豪华汽车品牌英菲尼迪与 OmniVirt 进行合作，让客户能够通过 360°全景影像结合 VR 体验来进行虚拟驾驶等。这些只是结合 VR 技术进行营销的几个典型案例，显而易见的是未来我们将会看到更多结合 VR 技术进行宣传的广告，而这些广告也将大大地推动 VR 技术的创新和发展。

三、让用户产生更为真实的身临其境的体验感

2018 年，HEAR360 提出他们会使用全新的全向麦克风针对每个音源单独地进行录制,保证其得到最大程度的还原,为用户带来更为逼真的音效体验,通过身临其境的音频体验将世界各地的人们联系起来——无论是在剧院中、在我们舒适的家中还是在虚拟现实的某个地方。

四、提升 VR 技术产品的可用性,降低技术开发成本

无论是软件还是硬件,只有为用户所接受时,产品才能成为主流。然而当下需要花费数千元才能购买到特别高端的设备,这对普通人来说无疑是一笔不小的开销。而这一切将会随着 VR 技术的到来发生改变,VR 技术产品将更具开放性,其系列产品价格将有一个循序渐进的调整过程,其目标是能让普通大众都可以负担得起。

2.2.1.5　VR 技术教育应用的潜力

沉浸感、交互性、想象性三大特征极大地克服了传统教学环境的限制。VR 技术的这三大特征有利于激发学习者的学习动机,增强其学习体验,实现情境学习和知识迁移。

一、激发学习动机,增强学习体验

一般来说,学习动机分为内部动机和外部动机。内部动机源于学习者对学习活动本身产生的愉悦感及满意度。VR 技术通过呈现其个性化特征、丰富多彩的媒体形式和刺激的对话促进学习者学习动机的产生。大量案例证明,虚拟现实可以给学习者带来放松、愉悦、感兴趣等积极情绪,激发其学习内部动机。学习动机不仅受学习者个体内部因素影响,还受学习环境等外部因素影响。VR 技术可以创设逼真的场景,提供动态的高交互设置,学习者在其中显示出较高的学习动机和参与度。无论是虚拟仿真校园、模拟飞行空间,还是数字博物馆,VR 技术都能将学习者置身于解决真实问题的情境中。除问题解决外,学习者在虚拟现实中学习,往往伴随着角色扮演(role playing)。学习者被赋予明确的角色,如进行手术的主刀医生等。学习者尤其是青少年学习者常常习惯于这种自我表征方式,且会通过角色表达所思所想所感。更重要的是,这种学习体验会激发学习者的创造力和想象力。

二、实现情境学习，促进知识迁移

情境学习理论认为知识是学习者在一定情境中主动建构的，强调知识与情境之间动态的相互作用。情境学习有以下特点：（1）提供知识可以运用于真实生活的情境；（2）提供真实的活动；（3）为学习者提供获知专家思考和解决问题过程的机会；（4）提供多角色以及多视角选择；（5）支持知识的协同构建；（6）关键时刻提供学习支架；（7）对学习环节进行针对性反思；（8）表达清晰；（9）能对基于任务的学习进行综合评估。

传统教学备受批判的主要原因是传统教学脱离具体真实的情境，导致学生知识迁移能力不足、迁移率低、迁移意识不强。情境学习致力于解决这些问题，通过设置与生活情境类似的情境，促进学习行为的发生。VR 技术支持情境学习的发生。VR 技术能够提供丰富的感知线索及多通道（如听觉、视觉、触觉等）的反馈，帮助学习者将虚拟情境的所学迁移到真实生活中，满足情境学习的需要。虚拟现实是促进教育变革的重要技术。虚拟现实能实现教学内容和知识的可视化，增强学习的沉浸感，增加师生及学生与环境之间的交互。

2.2.1.6　VR 技术教育应用进展

一、VR 技术支持学习环境创设

虚拟学习环境的创设通常有以下三种基本类型。

（1）虚拟仿真环境设计。在虚拟仿真环境中，学生可以做他们在真实世界中无法做到的事，例如，可以触碰按钮从而改变虚拟森林四季环境的变化，观察环境按照生命线移动的各种变化，也可以学习操作真实环境中危险而不能触碰的大型机器。VR 技术为师生创设了直观的学习环境，便于学生理解和应用知识，便于教师及时调整教学方法。教学计划、教学法都围绕模拟的环境进行设计。虚拟仿真环境适合教师教授程序性知识，使学生能够应用所学到的技能完成包含多个行为序列的学习任务。

（2）建构主义活动设计。建构主义学习理论认为，知识的建立和学习发生在已有知识经验的基础上，学习者在一定情境下所需的必要的学习资料，可以通过意义建构的方式获得。学习活动的设计对于建构主义学习理论在教学中的应用至关重要。在虚拟学习环境中，通过学习活动的设计，学生利用工具按照

自身经验和兴趣建构虚拟环境，或者在已有虚拟环境当中，通过探究建构知识。例如，"怪物卡车（monster truck）"学习项目中，学生为每个行星设计一个"怪物卡车"，然后驾驶这辆卡车到达星球表面。学生要取得成功，必须先学习了解这个星球的特征（如重力等）和车辆工程学知识。这种基于活动的方法非常有效，因为学生在其中创造性地学到了很多知识。

（3）学习体验设计。学习体验指用户借助 VR 技术进入虚拟学习环境中，对所学知识等产生相应的认识和情感。多用户虚拟学习环境（multi-user virtual environment，MUE）是当前教育游戏中较常用的虚拟现实环境。多用户虚拟学习环境运用 VR/AR 技术，创建的第一人称视角下的虚拟世界，可以为教师和学生提供教学环境。"第二人生"（Second Life）是早期典型的基于 Web 3D 技术的多用户虚拟环境。"第二人生"的学习环境使用基于项目的方法能够有效促进学科的发展和交流。研究同时表明，使用创造体验式教学设计，能够让学生有机会开展社会实践项目，能使他们正向增强他们的学习体验。

VR Chat 是当前国际上最流行的虚拟现实应用软件，它克服了 Skype 与 FaceTime 等即时通信软件所缺乏的沉浸感，为用户提供线上可视"房间"，用户可通过头戴设备把自己映射到"房间"内，与"房间"内的其他用户进行互动。加拿大不列颠哥伦比亚大学利用 VR Chat 开展远程与沉浸式教学，在一定程度实现了 VR 技术与教育的结合。

二、VR 技术支持技能实训

虚拟实训是利用网络技术、多媒体技术、仿真技术等基于虚拟实训系统的一种新的模拟实训方式。与真实环境下的实训室相比，虚拟实训系统具有改善教学环境、节约办学成本、规避安全风险、激发学生兴趣的优点。VR 技术打破传统课堂中"教师讲课，学生听课"的教学思维定式，将学生变为主体，给予他们更多的机会学习探索，促进学生主动学习。飞行模拟器训练是虚拟现实技术在职业技能实训中的应用。飞行员在"真实"的飞行环境中进行训练，视觉、听觉、触觉有"真实"的感受，有助于提高飞行技能。除职业技能培训外，虚拟实验也是当下虚拟现实技术在教育中的应用热点。依据虚拟实验 PDR 层次模型分类，虚拟实验通常分为三种类型，即模拟性实验、探究性实验、实证性实验。在模拟性实验中，学习者利用化学药品、天平、砝码等实验工具，操作多种类型的化学实验，近距离地观察燃烧、爆炸等化学现象；探究性实验更多的是用来展示物理、化学、生物等课程中特殊的事物，将难以描述的现象以更直观的方式呈现出来。实证性实验强调在实验者和被实验对象分离的情况下开展以解决真实问题为目标的虚拟实验。新加坡国立大学设计开发的基于网络的远程机器人操作系统即为其典型代表，学习者可以通过操作该机器人进行实验，完成实验数据的记录。

三、VR 技术促进语言学习

技术促进学习（technology enhanced learning，TEL）泛指用技术支持的一切学习活动。技术促进语言学习是技术促进学习在语言学习系统中的应用。相较于技术促进学习，技术促进语言学习更关注技术如何促进人类的语言学习以及人类如何利用技术开展语言学习。一般的技术在促进语言学习方面存在以下问题：缺乏机会向学习者预览所要学习的技能；学生很难灵活地获取资源；无法灵活地改变已经预设好的物理情境以满足多样化的学习需求。VR 技术可以为学习者提供所需的语言环境，在虚拟现实创设的游戏场景中学习语言。

2.2.1.7 VR 技术发展过程中存在的问题

目前 VR 技术是科技领域和娱乐领域最为热门的话题之一，毋庸置疑也是未来科技行业的重要发展趋势，但 VR 技术在未来也将面临着诸多挑战。

一、视野角度的问题

人眼在不转动的时候，可以覆盖大约 120° 的可视范围；在双眼球都可以转动的情况下，可以覆盖大约 190° 的范围。尽管我们并不能看清靠近视野边缘的物体，但这些内容也在被我们的大脑加工着。比如，任何出色的球员在赛场上时，他视野边缘的队友的运动轨迹都会被自动纳入大脑的考量，最后体现在球员阅读比赛的能力上。所以理想的 VR 设备，视野覆盖范围首先要超过 190°，比如 230°；垂直方向上一样要存在可视角度，大约 150°。尽管在集中注意力时，观察范围往往在水平 60°、垂直 30° 的范围内，但剩余的角度可以给我们提供真实的体验。

现今的 VR 设备，宣传的视野横向角度大都在 170° ~ 180° 间，最大的是 200°，但这个值是普遍虚标的。在利用视场角度测试工具实测的时候，大都要在宣传的数值上减去 20° ~ 40°。视野角度不直接把指标拉满是因为这涉及一帧画面里要显示的内容到底有多少。如果视野太广阔,图形方面的计算量就会大到不可思议,所以只能在显示内容和视野逼真感上做出妥协。

二、逼真感的问题

由于 VR 头盔上两个屏幕离眼睛只有 10 cm,在距离如此近的情况下,想实现视网膜的精细度,粗略算起来就远不是 4K 显示分辨率可以满足的,大约需要一个 17000×8000 分辨率的屏幕,这大约可以合算为 16K。16K 分辨率的像素点的数量可不是 4K 的四倍,而是横向四倍,纵向四倍,4×4 = 16 倍的像素点,也就相当于 16 倍的运算压力。VR 头盔因为分辨率不够,导致逼真感下降。

现有的虚拟现实技术虽然能让我们看到立体的画面,但实际上这些内容都不纯粹。这些画面大多是通过 360°的 2D 画面进行合成得来的,并不能真正让人产生身临其境的感官体验。随着 5G 时代来临,立体相机技术会变得更为普及。但是,这些先进技术都会对真正的虚拟现实有着更高的制作要求,其中包括拍摄技术等,处理及传送虚拟现实画面所需要的带宽也将增加到原来的两倍。此外,对大部分受众来说,太长时间处于虚拟现实的环境当中还是会产生不舒适的感觉。

三、延迟问题

VR 显示涉及了大量和身体互动的操作,哪怕只是简单动一动头也都是在操作。在桌面显示器年代,从我们的手移动鼠标到我们的眼睛看到鼠标在屏幕上移动,中间也是有延迟的,只不过这个延迟很小,一般在 10 ms 之内。哪怕是在游戏中,因为数据都是从实体接触的接口和线材传输的,所以依然可以把延迟控制在 10~20 ms 之间,不会被人察觉到。

但到了 VR 显示设备上就不同了。稍微歪一下头,显示的内容就要立刻跟着调整相应的幅度,我们追求的目标是延迟不要超过 20 ms,否则每次都是头动了以后等一阵子显示的内容才改变,那用不了两分钟人就会感到恶心。其实,晕车就是这么发生的。人在车上,视野改变了,但车辆的减震系统导致人的身体并没有跟着动,于是人就晕车了。

四、数据传输问题

由于虚拟现实设备需要传输大量数据，使用目前的无线技术无法做到实时性非常高的显示，所以大多数厂商都使用传统线缆作为其虚拟现实的设备线缆，而不使用无线方案。由于线缆非常多，便大大降低了用户体验。Oculus 创始人在社交平台上吐槽道："各种纠缠的线缆是虚拟现实界绕不开的一个坎，这一因素决定了移动虚拟现实会比 PC 虚拟现实早一步成功。"另外头戴式设备往往质量比较大，虚拟现实设备沉重的坠压感也会降低用户体验。

今天我们用得最多的是 USB3.2 接口，10 Gbps～20 Gbps 的传输速度是刚刚够用的。当然，最好能用 HDMI 或者 DP 最新版本的接口，这样传输速度可以达到 80 Gbps。但这些都需要用一根线把头盔和台式机连在一起。

如果不连，也有一个折中的办法，就是使用 Wi-Fi 串流，把显卡要传输给头盔的数据先送到 Wi-Fi 路由器上，然后头盔连上 Wi-Fi 路由器获取这部分数据。这种方法就不用把数据线连在头盔上了，但是会增加延迟。

在直接使用 HDMI 或者 DP 这类显示接口时，延迟大约在十几毫秒。如果用 USB 接口，延迟大约 30 ms；如果换成 Wi-Fi 串流，延迟会猛增到几百毫秒。在数据量大的时候，几百毫秒的延迟会让你觉得自己在用头拖着一个黏糊的世界转动，这离晕车也就不远了。

五、价格问题

目前大多数虚拟现实设备非常昂贵，普通消费者非常关心价格，高昂的售价阻碍了虚拟现实设备的普及。例如业界性能比较好的 HTC VIVE，其售价达到了 6888 元，另外还需配备高性能的电脑，大约需要花费 10000 元，合计价格非常高昂。而市场研究机构称 60% 的互联网用户对 VR 设备价格的接受上限为 400 美元，认为此类设备价格应维持在 200～400 美元的用户占大多数。当然，市场上也有售价比较低廉的产品，例如 Google 的 Card Board，仅需十几元钱就可以拥有，三星的 Gear VR 售价不过 699 元，但价格低廉的产品与价格高昂的产品的沉浸式体验差距非常大，价格低廉的设备还需要配备 1 台很好的智能手机才能使用。这些因素都大大制约着虚拟现实的发展。

六、联网问题

当前与 VR 技术相关的设备大部分都是采用离线式体验的设备，就和以前的单机游戏机一样，虽然具有不错的效果，但受众却很难和朋友以及家人去分享自己的切身体验。因此，如果我们想让哪一种媒体类的技术取得真正的成功，其中最首要的基本元素其实是社交与共享。针对 VR 技术的发展来看，建立起共享空间就是很重要的环节。以后，我们渴望看到更多的以虚拟现实建立起来的家庭影院类平台，这样能让许多人同时来体验相同的感官刺激，还可以让世界各地的人们一起聚集和互动。然而，网络延迟、成本、带宽以及基础的设施建设都将成为促进这项技术发展需要突破的"瓶颈"。即使独自去体验 VR 技术也可以看作一种乐趣，但是大部分人仍然认为能让多人同享相同的经历，才是使 VR 技术获得更好发展的强大动力。

2.2.2 VR 空间平台技术

2020 年，新冠肺炎疫情打乱了各行各业发展的节奏，许多行业都开始寻求线上平台来作为自救的武器。对于汉语言文化的传播而言，VR 空间平台技术就是一个非常好的选择。通过 VR 空间平台技术，我们可以从以下几个方面来对汉语言文化进行传播。

首先，可以采用"VR 带看"的方式建立展示平台。"VR 带看"可以简单地理解为在线虚拟空间直播。近年来，在线直播的发展如火如荼。各个主播在直播室疯狂地推销产品，用户在屏幕的另一端疯狂地买买买。与传统直播不同，"VR 带看"直播可以在虚拟空间中的任何时间、任何地点进行，且不局限于真实场景。"VR 带看"直播是一种通过 VR 技术跨越时空限制的人与人之间互动的新形式，它可以实时连接并在同一屏幕上查看，还可以在聊天时查看而不必离开家。"VR 带看"自上线以来，有着非常显著的成绩。有专家预测，"随着 5G 时代的到来，互联网可以实现技术创新驱动的服务迭代，提升客户体验。未来，虚拟现实技术将成为各行业的主流"。

其次，可以用"5G 时代+VR 短视频"的方式来构建技术平台。短视频是科技进步下的产物，为我们提供了新的社交方式、新的信息交流媒介以及新的社交平台，它同时也是打造个人 IP 的平台，为普通大众创新创业提供了很多机会。在人与人之间的信息交流中，信息表达的方式经历了从语言到文字，从文字到图形，再到短视频的发展阶段。其中，图形和短视频作为一种信息交流媒介，比单纯的文字及声音更具直观性、形象性，也有更大的信息量，能让我们有更好的体验效果。实际上，移动通信技术的提高尤其是智能手机的出现，让短视频成为更好的信息传播及信息交流媒介。

此外还有 5G+VR 游戏开发平台。除了 VR 直播外，在 5G 时代，VR 游戏也将呈现出爆发式的发展态势。5G 为我们带来了高达 10 Gbps~50 Gbps 的传输速率，且拥有极低的延时，所以能够允许大型的 VR 游戏场景在云端渲染，并保证为终端提供更高分辨率的优质画面，有效地对 VR 游戏给一些用户所带来的眩晕不适感加以改善。

最后，就是 5G+VR 教育。在教育领域，VR 技术能带给我们的交互性、沉浸感及空间性等优势，能将过去那种单调而又传统的教学方式转变为极具趣味性的教学形式。学生进入虚拟现实环境，产生身临其境的感受下，更容易集中自己的注意力，然后通过亲身所见、所感，加深对各个知识点的印象，最终达到教学体验和教学成果双提升。伴随着 VR 技术的逐渐成熟，未来将有更多的行业进入 VR 技术领域，而 VR 为我们所带来的全新体验，也将颠覆如今很多的现实生活场景。

2.2.3 文化传播媒介与"VR+文化"

随着现代人们生活方式的改变，汉语言文化的传播形式有了新的发展方向。VR 技术作为一种新兴媒介，既是一种艺术表现形式，又能成为汉语言文化传播媒介的载体。VR 技术促进了汉语言文化的传播，使汉语在互动交流中凸显其独特的文化内涵及吸引力。它能为受众构建一个丰富多彩的虚拟世界，让世界各地的受众都能感受到汉语言文化的无限魅力。

文化传播媒介作为承载地域文化、传播文化内涵的中介，是文化传播方及文化接受方对文化信息进行交流的桥梁。新媒体技术的不断发展，也让文化传播媒介不断发生变化。按照时间先后顺序，文化传播媒介主要经历了以下五个发展阶段。

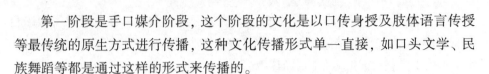

第一阶段是手口媒介阶段，这个阶段的文化是以口传身授及肢体语言传授等最传统的原生方式进行传播，这种文化传播形式单一直接，如口头文学、民族舞蹈等都是通过这样的形式来传播的。

第二阶段是纸质媒介阶段，主要以文字和图形记录的方式对文化进行传播，20 世纪初到 20 世纪 70 年代末期，这种形式颇为常见，主要承载媒介为书籍、报纸等。

第三阶段是电子信息媒介阶段，这一阶段主要通过模拟的音频及图像信息来对文化进行传播，主要传播媒介包括电视、广播、电影等。

第四阶段是网络媒介阶段，这一阶段主要运用数字化的视频、音频等信息和网络叠加传播，能够及时进行文化信息的交互，主要传播媒介有数字电视和互联网。进入信息社会后，便携式媒介传播阶段开启，无线宽带支持数字化网络媒介为其提供了基础，网络媒介具有很强的交互性，且具有方便携带的特点，如智能手机、平板电脑、电子书阅读器等。

第五阶段是"VR+媒介"的传播阶段，主要运用具有交互性、沉浸感的音频、视频等影像信息，让受众体验音视频中的模拟触感等信息，如虚拟现实眼镜、传感器、虚拟现实头盔等。如今，数字技术的革新让人们渴望和文化信息一同互动，并参与到文化传播过程当中，这些也让"VR+文化"成为文化传播中的新媒介。VR 技术的沉浸感和交互感融合打造了一个和真实世界融合的虚拟文化空间。"VR+文化"是融合多项新技术的"完美产物"，是知识传承、视域融合的人机交互新平台，同时也是一种"新知识媒介"。根据不同用户的需求和不同的应用场景，"VR+文化"的应用形态可分为多种模式，最为典型的是以下四种应用形态：一是结合便携式眼镜和手机为主体的交互应用；二是以云平台为主体的 VR 技术应用；三是结合头戴显示器和感知设备的富媒体 VR 体验应用，这种受众体验具有超强的沉浸感和交互感；四是将座椅、驾驶舱、跑步机等融入人机交互之中的"四维+超体验"的 VR 应用模式。

由此可见，虚拟现实在对人们文化体验方式的改变上有着巨大的潜能，这点与其他传统文化传播媒介有着很大不同。例如，我们可以运用虚拟现实动画融合现代科学技术，来实现传统文化传播媒介不能描绘的故事情景，虚拟现实动画还能让受众同时拥有听觉、视觉、触觉及互动等多重感官体验。作为全新的媒介，虚拟现实动画在文化传播功能上还有待我们进行挖掘和开发，使其成为弘扬汉语言文化的重要途径。

"VR+文化"指的是结合 VR 技术来传播和发展汉语言文化，它是对多项新媒体技术加以融合的"完美产物"，也是思想交流、文化传承、多感官融合的新平台，可以被看作"新知识媒介"。VR 技术能够结合计算机所构建的虚拟三维场景设置具有交互性的场景情节以及听觉、视觉、触觉上的多感官体验，受众能够通过虚拟的交互设备和虚拟世界来交互体验不同的感官信息。这点和传统的文化传播媒介比起来，VR 技术带来的虚拟现实动画更具交互性、沉浸性和体验性，也能让受众多角度体验汉语言文化的内涵，在观看 VR 技术创作的场景体验中，潜移默化地感受汉语言文化的巨大魅力。

2.2.4 "VR+汉语言文化传播"的六大优势

一、"VR+汉语言文化传播"能带给人们沉浸式的感官体验

VR 沉浸式体验是数字文化产业发展下的一种新兴模式。VR 技术中的沉浸感被学者 Price 和 Anderson 定义为运用多媒体技术来创造一系列情景，从而让受众能在特定的情境中感知到他所创作的情景。在"十四五"期间，"实施文化产业数字化战略，加快发展新型文化企业、文化业态、文化消费模式"，这些均被放入满足人民的文化需求以及建设社会主义文化强国的战略部署之中。2020 年 11 月，文化和旅游部发布了《关于推动数字文化产业高质量发展的意见》，强调了要"引导和支持 VR、AR、5G+4K/8K 超高清、无人机等技术在文化领域的应用，发展全息互动投影、无人机表演、夜间光影秀等产品，推动现有文化内容向沉浸式内容移植转化，丰富虚拟体验内容"。汉语言文化传播和科技手段相结合，在融合过程中能碰撞出更多灵感的火花。

首先，可以结合 VR 打造沉浸式话剧。话剧是一种将对白及动作当作主要表现手段的戏剧。它最早出现在辛亥革命前期，当时被称为"新剧"或"文明戏"。新剧从辛亥革命后就开始逐渐衰落。五四运动过后，欧洲戏剧开始传入中国，这时本土的现代话剧逐渐兴起，在当时被称作"爱美剧"或"白话剧"，它主要通过人物的性格来反映社会生活，而话剧里的对话则是经过加工提炼的口语形式，这些语言要求体现个性化，语句精炼、自然、优美、生动、具有表现力，且通俗易懂，能让广大群众接受。在我国较为著名的话剧有郭沫若的《屈

原》、曹禺的《雷雨》、老舍的《茶馆》、苏叔阳的《丹心谱》等。而 VR 技术诞生后，打破了舞台和观众之间的距离限制，开启了沉浸式话剧的创作演绎。例如甘肃省创作的沉浸式话剧《乐动敦煌》(见图 2.4)，就营造了一个让受众完全置身于场景之中的沉浸式氛围，能与剧中的人物角色"零距离"互动。主要的表现形式是将故事情节及人物塑造大量简化，而在氛围的营造上下功夫。故事内容主要讲述了西域一个叫白歆的乐手在其创作的瓶颈期到达了敦煌，来寻找天籁之音的过程，整个话剧分为"源起妙音""乐动丝路""上元踏歌""盛世华章"四个章节。随着故事情节的演进，观众在三个功能体验区中慢慢行走，先后看到沙漠戈壁风景、驼队驼铃摇曳、敦煌飞天情景、上元灯会氛围……这些丰富生动的场景随着故事时间线推进不断变换，带给人如梦如幻的视听体验，演出的逼真感令人惊叹。该话剧表现中最令人感动的是白歆和公主爱情故事的最终结局：背景响彻着动听的敦煌古乐，公主婀娜多姿的身影再现了飞天盛景，白歆似乎看到了他苦苦寻觅着的"美音鸟"，于是又重新回到了静谧的月牙泉边，面向天空的一轮明月，让自己的音乐艺术再一次得到升华。舞台中唯美浪漫的月牙泉景观让观众仿若置身于沙漠之中，零距离地感受敦煌乐舞的那种艺术感召。这种沉浸式的游走剧场，和传统戏剧中"一桌二椅"的表演形式类似，而且其中也加入了现代的科技手段，但它在美学的品格上仍与中国的传统戏剧是一脉相承的。结合 VR 技术，在传播戏剧文化的同时，也让受众感知到汉语言文化的传统风俗及民俗内涵。由此可见，汉语言文化资源的挖掘不能仅仅局限于传统的表现形式，而是要与时俱进，满足不同国家及地区不同受众不断提升的观赏需要和审美需求。作为汉语言文化传播者，应当处理好传承和创新之间的关系，依托蓬勃发展的艺术表现形式，让丰富多彩的汉语言文化资源走向世界。

其次，可以融合"VR+古籍"的形式，多角度调动读者的多种感官，使其融入沉浸式的阅读体验，进而对汉语言文化加以传播。主要通过在三维的立体环境当中对汉语言文化进行动态演示、直观再现，图文并茂再现历史场景，为读者提供一种可以"穿越"回古代的阅读体验，并提供一场全方位的视听盛宴。在这个虚拟现实的阅读环境之中，"VR+文化"的视觉识别体系会根据读者的目光在阅读文字上所停留的时间长短对视频、文字和图片加以切换，进行相关链接的展示和 VR 场景的还原，让读者在阅读相关古籍的同时还能拓展自己的汉语言知识体系。全球最具权威的 IT 研究和顾问公司——高德纳咨询公司(Gartner Group)在《Gartner 2019 年十大战略性技术趋势》报告当中指出，2019 年最需要探究的十项战略性的技术趋势之中就包含了沉浸式技术，这是在 VR 技术的支持下人们与数字世界之间的一种全新的感知交互模型，这一组合转变将使沉浸式的体验在未来成为主流的感知体验。

图 2.4 《乐动敦煌》

最后，举办沉浸式"VR+汉语言文化"展览，重现中华文明的辉煌时刻。汉语言文化原本是十分抽象、枯燥的理论概念，而通过"VR+汉语言文化"展览，可以让观众收获一场可互动的、沉浸式的深度文化体验。"互联网+中华文明"数字体验展览正是这样的展览形式（见图 2.5）。兰亭雅集、曲水流觞、翰墨文心、丝路长歌……在这个数字体验展中所展示的 100 件文物被划分到五个不同的"时空"里，策划者运用数字影像的形式打破时空限制，让观众能近距离感受我国优秀传统文化的无限魅力。前来参观的观众能在各个不同的"时空舱"中自由穿梭，比如在青铜主题的时空舱里，观众随手一画就可以解锁一个春秋时期的青铜，然后根据语音讲解来了解这件青铜器背后所蕴含的礼制文化；进入秦文化的主题时空舱，观众可以重走一遍大秦的"一统之路"，亲自去体会我国第一个封建王朝的繁盛与庄严；在古代生活智慧主题的时空舱里，观众挥一挥手就可以使用古琴来弹奏一曲《广陵散》，亲身体验文人雅士的快乐；进入兰亭集序主题的时空舱，观众用手摸一下曲水流觞的荷叶杯，就有一首诗词映入眼帘……小朋友们可以在素纱衣的动作捕捉全息投影之中欢快地起舞；老人也可以一边听语音讲解，一边用手挥动日晷装置。展览举办方还邀请到了北京舞蹈学院的舞蹈家，通过对她表演的唐代舞蹈动作进行捕捉"复制"，再运用到陕西历史博物馆中的唐三彩女立俑数字模型上，这样一来，"她"就能伴随着敦煌的唐代古乐翩翩起舞，"活"了起来。另外还有颇受观众欢迎的"你好，兵马俑"这类互动项目，让观众上传好自己的照片，图像识别技术就可以自动识别出跟这名观众相貌最相似的兵马俑，再提供出它的位置信息。而展览中这些丰富有趣的互动玩法，就是基于全息投影、3d mapping 投影技术以及体感互动技术等 VR技术的全方位支持。可见，开启 VR 技术在文博领域中的运用，可以让互联网的创新成果为汉语言文化的创新、传承及发展插上翅膀。

图 2.5　"互联网+中华文明"数字体验展览

二、"VR+汉语言文化传播"能带给人们互动式的体验

对于互联网用户来说，要想获得完全的沉浸感，进入虚拟世界之中，就一定要让虚拟世界和用户互动起来。近年来，因为我们生活方式及生存环境发生了变化，传统汉语言文化逐渐失去了其赖以生存的土壤，一些文化传统渐渐被许多人遗忘。汉语言文化经过五千多年的发展演变，有着深厚的文化内涵，且和不同的地域民俗风情有着密切联系。对于其中那些需要展示具体地域风土人

情的汉语言文化，过去我们的文化保护者主要用数字化的照片、文字和视频等方式来对其保存和呈现。而对现如今的大多数青少年来说，这些数字化形式的内容缺乏汉语言文化展示的模拟情境性、交互趣味性以及广泛传播性。使用VR 技术，能让文化保护者突破传统的数字化保护形式之局限，将平面的数字化影像和文字，融合创作为 VR 动画及 VR 动态影片，和受众之间进行交互互动，便于受众对其学习和了解。

三、"VR+汉语言文化传播"能实现文化内容从单一形式向富媒体形式转变

　　"VR+汉语言文化"的传播开发，可以对汉语言文化的内涵进行再次延伸，通过借助 3D 模型、文字描述、音频、视频等多元素多模式的传播来描述汉语言文化的特点，可以降低汉语言文字的阅读门槛，提升汉语言文字阅读的趣味性，从而吸引更多青少年儿童来对汉语言文化进行传播。例如在福建福州三坊七巷文化旅游区开发的"三坊七巷民俗体验馆"项目，就结合 VR 技术对三坊七巷在历史中的建筑场景进行了还原（见图 2.6）。观众只要戴上 VR 头盔，就可以穿过时空隧道，来到古代的福州。通过使用 VR 的交互工具，还能让观众仿佛真实触碰到这些建筑的表面，再转动头部后视角便可以全方位变动，将视觉和触觉完全融合在一起，感受奇妙的古代福建文化，并从中了解汉语言文化的地域风情特点。从我国历史文明的发展进程来看，各类古籍文献丰富，且风格各异，对地域文化的发展和文学个体的形成有着深刻的影响。以我国的文学巨作《赤壁赋》为例，这是北宋时期著名文学家苏轼的代表作，该著作不仅为后世的文学家所喜爱和传承，甚至连画家都对它情有独钟。因此从最初对其传播主要采用一图一文、图文并茂的方式进行，到后来乔仲常为《赤壁赋》所绘制的《后赤壁赋图》，这也成为国画历史上浓墨重彩的一笔，从这点也可以看出，以文字为主要内容的文学作品以绘画的方式来呈现，是对该文学作品的创新和二次传播。从阅读形式来看，文本阅读转为图片阅读是历史发展的必然趋势，而传统的汉语言文化相关书籍内容多采用视觉形象的方式来对其进行传播，这种形式可以进一步演化成为文化符号并使其具备一定的象征意义，然后通过富媒体的技术对文本性撰写的汉语言文化书籍进行加工处理，让汉语言文化书籍的内容更加浅显易懂，使得汉语言文化的传播无论是在读者的接受层面还是阅读的审美层面都能取得更好的传播效果。因而，从汉语言文本形式转为汉语言富媒体形式的阅读形态是社会发展的必然趋势。从这一层面来看，还可以采用

"VR+ 图书"的形式对汉语言文化进行传播，和过去的阅读载体相比，"VR+ 图书"形式的出版和应用会更注重读者的技术体验、用户体验、思维创新和知识获取，比较具有代表性的案例是伊利诺伊大学图书馆所展开的 HOLOBOOKS 项目。该项目的研究人员结合概念验证的方法研发了 HOLOBOOK 的阅读器，该项目的设立主要是为了帮助解决以下现实问题：其一，如今数字化的阅读方式为越来越多的人所接受，可是纸质版的图书却仍是人们最熟悉和最喜爱的图书形态，究其原因主要是纸质的阅读方式能让人拥有更好的记忆效果，也让人更易集中阅读时的注意力，且评论和注释也更加方便。因此 HOLOBOOK 的主要目标就是高度仿纸质图书材质，希望让读者可以在虚拟现实的阅读环境下，如同在阅读真书一样去品阅电子书籍，该阅读器设定翻页、注释、标记的功能，以此提升读者阅读与理解电子书内容的综合体验。其二，HOLOBOOK 具有支撑科研和数字资源集成两个功能，其特性及附加服务能够帮助大学的低年级学生在大量的文献中更快找到所需要的目标文档，然后完成自己的学习任务。

图 2.6　三坊七巷民俗博物馆

四、"VR+汉语言文化传播"能实现从二维平面向三维立体形式转变

载体是承载文献的物体，学者孙顺华按照在历史上出现的顺序将文字载体根据其演变历程划分为前纸时代（纸发明以前的时代）、纸的时代（纸发明以后的时代）和后纸时代（电子媒介出现以后）的时代。在前纸时代，汉语言文化主要以泥板、甲骨、石、金、竹简、莎草纸、丝帛、贝叶和羊皮纸为载体，以文字记载的形式进行传播，进入纸的时代则以纸张为载体来记录文字。到了后纸时代，先后以微缩复制品，如胶卷、卡片、胶片等记录文字来传播，以声像资料，如录音磁带、计算机可读情报资料磁带、录像磁带记录声音、文字、图像、动作等来传播，以光学存储记录文字、图像、声音、动作等来传播，以电子书来多功能交互传播，以 AR 图书、VR 图书进行多功能交互及沉浸式阅读等传播。最初人们对文献的需求主要是为了解当时的典章制度，而现在的文献则是人们研究认知历史的依据，这也促使"VR+汉语言文化传播"开始由传统的二维平面形式转向三维立体形式，以更丰富的感官体验来使受众体验汉语言文化的博大精深。虽然进入信息时代后，以"手机+电子阅读器+电脑"作为载体的数字阅读形式越来越多地为大家所接受，但这仅仅是人类对于信息技术下阅读载体的探索和体验，事实证明，融合 AR、VR 技术的阅读形式更能够提升读者的阅读体验，提高他们的阅读兴趣。我们所生活的空间是三维的，但在没有 AR、VR 技术出现之前，文献载体所呈现的读本内容都以二维的形式呈现，各种创新实验的对比验证证明 AR、VR 技术能够以三维世界的形式带给读者更多的内容信息，例如 VR+汉语言古书籍能够让读者突破时空的限制，拥有全新的阅读体验。VR 版的《清明上河图》为读者开启了"VR+阅读"的先河，之后 HTC VIVE 和康泰纳仕中国一同合作发布了首个虚拟现实的阅读体验——《悦游 Condé Nast Traveler》VR 杂志，这些应用都能为我们提供生动立体的阅读场景，同时还支持读者和书中的内容进行互动，这也为"VR+汉语言文化书籍"的研发奠定了良好的基础。此外，还有展示福建泉州地区民俗风情的动画片《泉州漫游记》（见图 2.7），也是以三维形式传播汉语言文化的典型案例。该动画片主要改编自《泉州讲古》中的《蔡六放大炮》，其采用三维技术的形式再现泉州古城过去繁华街市的场景，这个创意主要源自由泉州人文风貌、传统文化和民俗风情集聚而成的民间故事。这部动画片也向大家展现了如同真实情景一般的具有泉州特色的人文景观、独具特色的地方风俗习惯、特色饮食文化以及当地优美的自

然风光,传递了浓浓的"泉州味"。和传统的二维动画片相比,三维动画片中的那些栩栩如生的立体场景和各种动态演绎方式更受年轻人的普遍欢迎,也为泉州的地域文化传播拓展出了新的途径。

图 2.7 《泉州漫游记》

五、"VR+汉语言文化传播"能让视听感受向多感官形式转变

阅读是受众对传统汉语言文化知识汲取的重要渠道,但是我们汲取知识的能力并不是与生俱来的,而是通过后天对大脑的一系列训练才实现的。可塑性让大脑可以形成新的听觉、视觉以及语言系统。就其本质而言,大脑中所接收的信息需要借用多重感官经历后再将其录入认知系统中,这样才能形成有效的阅读和知识吸取。读者在这种多感官结合调用的虚拟现实阅读情境中,可以将传统的视听体验转变为多重感官体验。过去汉语言文化主要以数字化的图片、文字、视频等形态来传播和保护,但是对于现在的年轻人,尤其是青少年儿童来说,这些影像形式缺乏趣味性、交互性、情境性和体验性。"VR+汉语言文化传播"的方式正好能够通过结合不同地域的汉语言文化特色来虚拟相应的场景,构建有情节的汉语言文化故事、具有趣味性且可进行交互互动的游戏环节

以及可虚拟体验的地域工艺过程，对汉语言文化进行展示。例如设计可以调用读者嗅觉感官的气味图书，这类图书能够提升读者阅读时心情的愉悦感，同时也能减少外部环境对读者阅读的干扰，让读者能更好地理解书本内容的广度和深度。

六、"VR+汉语言文化传播"能让受众从被动接收转向主动参与

在传播汉语言文化时，创作者往往需要考虑观众喜欢自我展示和猎奇的心理，通过结合虚拟现实技术手段，创作出可以交互、沉浸式体验的 VR 动画形式。例如在内容的设置上，采用具有不同地域汉语言文化特点的动画内容来激发观众学习的兴趣和主动探索未知的欲望。另外，还可以在展示的形式上结合 VR 技术，用互动体验的方式来创作和不同地域汉语言文化相匹配的数字互动传播形式，通过开放观众对文化场景参与体验的入口，来减少汉语言文化传播时的技术障碍。为迎合观众自我展示的心理需求，创建可供体验的汉语言文化民俗生活场景，设置可以帮助观众进行自我表达和身份构建的交互形式，并激发观众想要"晒"出自己互动体验内容的渴望。

2.3 "VR+汉语言文化教学系统"的建设内容

"VR+汉语言文化教学系统"是网上交流和学习汉语言文化的平台，能对汉语言文化的教学资源进行集中管理。该系统以 VR 技术为基础，以 3DS MAX 及 Unity 3D 为主要的开发环境，能够将真实课堂中需要传授的内容快速、真实地展现在学习者的移动设备上，并可以通过 5G 时代的信息传输技术及 3D 音效等手段来实现传播者和学习者之间的远程授课。学习者可以利用"VR+汉语言文化教学系统"来完成三维虚拟场景中的各类教学任务，同时也可以构建适合开展教学活动的虚拟现实教学课堂；该系统还支持在不同的教学场景之间来回切换以及在多种不同的课程内容之间来回切换；此外，学习者还可通过凝视功能来对自己想要学习的课程进行选择。在课堂学习中的关于操作的体验，如操作的舒适性、操作的模拟图标选择以及对音效的控制等均能自主设定。同时，系统在虚拟三维场景中设置了教师的三维模型并配以动画，教师会对课堂中的教学内容做出相应的反应以增强真实感。系统也可以调用移动设备的摄像头，将真实场景与虚拟场景相融合，方便用户对课堂上学习的知识进行巩固。

中华民族的汉语言文化并不是一成不变的，而是会随着时代的变革不断与时俱进，这使得在新的 5G 时代下，中华汉语言文化的传播内容变得更丰富，同时也更富有生机。在新时代下进行中华汉语言文化的传播必须要在对原来的精髓加以保留的基础上，融合新时代所诞生的 VR、AR、人工智能等技术形式，不断提升学习者对传统汉语言文化的体验感，并在这一基础上利用 VR 等新技术重新建立符合当前时代发展的新型文化观。

VR 技术在汉语言文化教学系统中应用的关键点是能够让学习者感知到画面，同时能够呈现出计算机当中的高级人机界面。因此，在对其加以技术创新的过程中，将当前各种高新科学技术与其进行了融合，如计算机图形学、仿真技术、人工智能技术、多媒体技术等等。通过这种高新技术的环境构建，模拟出真实的感知空间，并结合个人的听觉、视觉、触觉等器官功能，让人能在虚

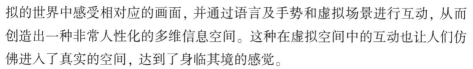

拟的世界中感受相对应的画面，并通过语言及手势和虚拟场景进行互动，从而创造出一种非常人性化的多维信息空间。这种在虚拟空间中的互动也让人们仿佛进入了真实的空间，达到了身临其境的感觉。

基于 VR 技术的汉语言文化教学系统，其设计的重点主要是利用 VR 技术来创建一个具有沉浸感和真实感的虚拟课堂，并为处于不同地理空间的用户提供最优质的汉语言文化教学资源。例如系统可以采用 Unity 3D 软件作为开发引擎，再利用 C#语言以及 Playmaker 的插件来进行开发，运用 3DS MAX 软件来构建 VR 技术下的汉语言文化教学系统，这一系统主要是由三维的模型模块和人机交互的模块所构成。三维的模型模块主要针对系统中所需要的三维模型来进行建模设计。可以通过事先确定好的建模图纸和方案，利用 3DS MAX 建模软件中的布尔、挤压、放样等命令对教学过程中需要教授的物体进行三维立体建模，再通过 VRay 渲染器对其他相关模型加以渲染。3DS MAX 软件拥有特别强大的建模功能，它能够快速建成各种教学当中所需要的模型，它的缺点主要是建模时产生的数据往往比较大，因此对于场景中的融合和网络上的传输较为不利。在相关的模型构建完成之后，可以通过建模软件的优化技术对所建立起的三维虚拟模型加以优化，让它能更好地应用到 VR 技术的教学系统之中。而人机交互模块则主要是针对用户以及系统间的交互来进行设计的，它主要是基于 Unity 3D 的引擎来完成，其使用的编程语言主要为 C+语言。

实现 VR 技术下的汉语言文化教学系统主要以智能手机为移动终端，将手机的显示屏作为观察窗口，并将暴风魔盒中的 VR 眼镜当作交互设备，再通过 VR 技术的凝视功能，让用户产生真实感以及沉浸感，这样用户就能在虚拟的三维场景中进行关于汉语言文化的实时学习。要实现基于 VR 技术的汉语言文化教学系统投入使用需要经历三个阶段：第一阶段是前期的资料收集和整理阶段，这一阶段主要是要将 VR 技术教学系统中所涉及的三维场景模型和相关的交互信息加以整理，收集和系统制作有关的图纸以及效果图等，从而为系统软件的开发做好充分准备；第二阶段是三维建模及场景的搭建阶段，运用第一阶段所收集到的相关信息进行场景的三维建模，在 3DS MAX 软件中形成所对应格式的文件，再导入 Unity 3D 的引擎中进行对应场景的搭建；第三阶段是实现人机交互功能的阶段，这一阶段主要是利用 Unity 3D 的引擎及 C#语言来实现系统中的人机交互功能，然后导出可执行性的文件，进而完成整个系统的运行和实现。

基于 VR 技术汉语言文化教学系统能根据权限的不同将用户划分为管理员用户以及学生用户。通过后台的登录页面输入学生或者管理员的用户名及密码后，能够跳转到对应的系统界面。管理员的用户模块主要包括管理员登录、密码修改、虚拟教室的场景维护、VR 技术相关课程管理等功能。学生用户的模块主要包括学生用户登录、密码修改、个人信息维护、VR 技术课程的学习等功能。

基于 VR 技术的汉语言文化教学系统中关于人机交互的功能主要包括复位、凝视、重载等。凝视功能主要应用于基于 VR 技术的汉语言文化教学系统中的人机交互功能上，当用户利用"+"凝视系统中的图标 2 秒后，系统就能自动跳转到用户所需要的页面；复位功能则主要是为了能使用户随时回到该课程的主视角所设置的功能按键。当用户进入虚拟课堂后会因为想要观察场景中的整个教学环境因而与讲台的方向有所偏离，复位功能可以让用户在这一条件下能够快速回到正对讲台的视角，然后继续完成汉语言文化虚拟课程的学习；重载功能则主要用于对汉语言文化教学系统中的相关课程进行重置。当用户学习完某一门课程以后，如果还想对该门课程进行重新学习，就可以利用重载的功能来对课程进行重置，这样就能保证用户随时都可以对同一课程进行再次学习。

2.4 "VR+汉语言文化传播"的主要特征

为了更好地了解目前受众对于汉语言文化及其传播的了解情况，以便更好地掌握 5G+VR 背景下汉语言文化的传播特征，2021 年 4 月，笔者利用问卷星向互联网上不同地域的人们发送了电子问卷。本次问卷调查发放周期为 7 天，一共回收了 445 份问卷。

本次被调查对象的基本情况统计结果见表 2.1，由于填写调查问卷的大多都是中国人，有 89.66% 的人对汉语言文化有一定的了解，而剩下的 10.34% 为生长在海外其他国家或地区，只是在中国境内学习的外国人，所以对汉语言文化不是特别了解。

表 2.1　被调查者的基本情况统计表

名称	选项	频数	比例/%
被调查者性别	男	184	41.35
	女	261	58.65
被调查者年龄	<18 岁	33	7.42
	18~25 岁	107	24.04
	25~35 岁	64	14.38
	35~45 岁	100	22.47
	>45 岁	141	31.69

续表2.1

名称	选项	频数	比例/%
被调查者的受教育水平	小学及以下	1	0.22
	初中	14	3.15
	高中(含中专)	90	20.22
	大专	131	29.44
	本科	195	43.82
	研究生及以上	14	3.15
被调查者对汉语言文化的了解程度	完全不了解	11	2.47
	有点不了解	35	7.87
	一般了解	295	66.29
	比较了解	89	20.00
	非常了解	15	3.37

2.4.1 "VR+汉语言文化传播"主体的多元化

被调查者认为最好的传播主体统计结果如表2.2,从表2.2可以看出,在传播汉语言文化的传播媒介上,5G+VR 技术平台是被调查者认为的将来的主要媒介,大部分被调查者都对5G 时代背景下的 VR 技术平台抱有较高的期望,而政府和传统媒体对汉语言文化传播也是具有很大影响力的,当然在传播的广泛性上,汉语言文化传播也离不开普通大众对介绍汉语言文化的信息进行转发从而提升信息查阅量等方式的传播以及具有代表性的汉语言人物所进行的有针对性的广告传播,这些传播形式都比较接地气,也能让传播覆盖面更广泛,引起更多人的关注。

表 2.2　被调查者认为最好的传播主体统计表

选项	频数	比例/%
政府、传统媒体(电视台、报社)	91	20.45
5G+VR 技术平台	227	51.01
有代表性的汉语言文化人物	43	9.66
普通大众	81	18.20
其他	3	0.67

　　调查问卷中还对不同传播主体对汉语言文化的熟悉程度进行了调查,并以此对他们所要传播的汉语言文化内容能否真实反映汉语言文化的内涵等加以推测。不同传播主体对汉语言文化的了解程度见表 2.3,在选择了政府和传统媒介为最佳传播主体的 91 个人当中,有 43.96% 的人认为自己对汉语言文化完全了解或比较了解;在选择了 5G+VR 技术平台为最佳传播主体的 227 个人当中,有 33.92% 的人认为自己对汉语言文化完全了解或比较了解;在选择了有代表性的汉语言文化人物为最佳传播主体的 43 个人当中,有 30.24% 的人认为自己对汉语言文化完全了解或比较了解;在选择了普通大众为最佳传播主体的 81 个人当中,有 28.4% 的人认为自己对汉语言文化完全了解或比较了解。从统计数据的整体来看,调查中有 30% 的人觉得这些传播主体对于汉语言文化完全了解或者比较了解。

表 2.3　不同传播主体对汉语言文化的了解程度统计表　　　　单位:例(%)

传播主体	完全不了解	比较不了解	一般了解	比较了解	完全了解
政府、传统媒体	3(3.3)	5(5.49)	43(47.25)	36(39.56)	4(4.4)
5G+VR 技术平台	5(2.2)	14(6.17)	131(57.71)	64(28.19)	13(5.73)
代表性汉语言文化人物	1(2.33)	1(2.33)	28(65.11)	12(27.90)	1(2.33)
普通大众	1(1.23)	7(8.64)	50(61.73)	21(25.93)	2(2.47)
其他	0(0.00)	1(33.33)	1(33.33)	1(33.33)	0(0.00)

调查问卷中还设置了"在互联网时代,应该由哪些主体来主导汉语言文化的传播"这一问题。这一问题的统计数据见图2.4,有66.7%的被调查者认为,应该发挥新媒体的重要作用,由5G+VR技术平台来主导汉语言文化传播;还有21.7%的被调查者认为,应当由政府及传统媒介来主导汉语言文化传播,这两种比较受广大群众喜爱的传播主体,在社会地位、人力、资金及技术等方面都有较大优势,也正是基于此,才使得它们更适合去主导汉语言文化传播。

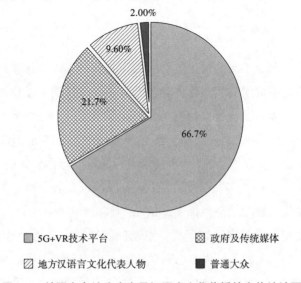

图2.8　被调查者认为应主导汉语言文化传播的主体统计图

　　在对汉语言文化传播所需要具备的素质的数据统计中(见图2.9),有大约90%的被调查者选择了"对汉语言文化有透彻了解",这就说明,在汉语言文化传播当中,不同地域的群众可能会更看重汉语言文化的内容本身;此外,还有67.74%的被调查者者选择了"有创意"这一选项,他们应该是针对汉语言文化的内涵或其呈现形式的创新做出的选择;还有超50%的被调查者选择了"熟练掌握VR技术",可以看出,在他们看来VR传播技术和渠道也是非常重要的;至于"其他"这一选项,有一些被调查者提出汉语言文化的传播主体应该是热爱汉语言传播工作、热爱汉语言文化的群体。

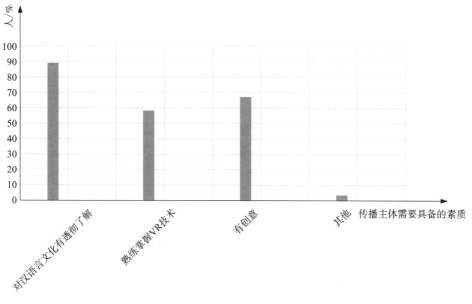

图 2.9 汉语言文化传播主体需要具备的素质统计图

2.4.2 "VR+汉语言文化传播"内容渠道的丰富化

汉语言文化所涉及的内容种类繁多，通过调查问卷，笔者统计出了一些在 5G+VR 时代下最受群众喜爱的汉语言文化类型。

目前传播度最高的汉语言文化统计结果见表 2.6，从表 2.6 可以看出，方言文化、民俗文化、历史典故的传播在被调查者的心中是最好的，在涉及"传播得最好的汉语言文化主要传播了哪些内容，一般多久时间传播一次"的问题时，从被调查者所填写的内容上看，方言文化主要是指对普通话以及其他地区的传统方言进行传播，如对北方方言、吴方言、湘方言、客家方言、闽方言、粤方言、赣方言、晋方言等进行传播；民俗文化主要是指传统对生产劳动民俗、日常生活民俗、社会组织民俗、岁时节日民俗、人生礼仪、游艺民俗、民间文学、民间观念、婚丧嫁娶风俗、宗教及巫术等进行传播；历史典故主要是指对成语故事、神话传说、寓言故事等进行传播；饮食文化主要是指对各个地区不同的美食、待客文化等进行传播；其他地域文化主要是指不同地区对自身的民族精神、服饰文化、自然景观等的传播。

表 2.4　目前传播度最高的汉语言文化统计表

选项	频数	比例/%
方言文化	144	32.36
民俗文化	145	32.58
历史典故	122	27.42
饮食文化	18	4.04
其他地域文化	16	3.60

对"这些传播的最好的汉语言文化主要是通过'5G+VR'技术下哪种渠道进行传播的"这个问题进行调查分析,统计结果见表2.5。

表 2.5　5G+VR 技术下汉语言文化传播的主要渠道统计表

选项	频数	比例/%
网络直播平台	182	40.90
微信公众号	92	20.67
微博	27	6.07
特定技术平台	112	25.17
其他	32	7.19

传统的汉语言文化传播方式主要为口口相传,这种形式往往会受到地域的限制,所以对外传播的情况很少。5G 时代到来后,我国的经济得以飞速发展,汉语言文化的传播方式也开始出现了多样化的传播特点,从过去的广播传播、报纸传播、图书传播等转为结合 VR 技术在微信、微博及网络直播平台和其他特定技术平台上加以传播,新的媒介技术手段和传播形式让汉语言文化的传播渠道更加丰富,同时,我们也可以借助网络来实现汉语言文化的双向传播以及

大众传播,从而将汉语言文化的传播范围变得更加宽广。VR 技术能让千里之外的国家和地区的人们通过照片、视频、数字化的新闻报道等形式身临其境地去感受汉语言文化所具有的独特魅力。

2.4.3 "VR+汉语言文化传播"受众的群聚化

"目前利用 VR 传播汉语言文化主要面向哪些受众"这一问题的统计结果见表 2.6。从表 2.6 中可以看出,汉语言文化主要面向的受众大多是对其感兴趣的人群。

表 2.6 汉语言文化所面向的主要受众情况统计表

选项	频数	比例/%
汉族群众	101	22.70
中国以外的普通大众	103	23.15
对汉语言文化感兴趣的人群	232	52.13
其他	9	2.02

在 5G 信息时代,传播者和受众之间的关系发生了根本转变,以受众为中心提升了其在汉语言文化传播中的地位,受众不再只是被动地去接收信息,而是会去积极主动地选择信息,甚至有时他们还能充当信息的传播者,可以看出,受众的地位已经发生了深刻的变化。因此,在基于 VR 技术的汉语言文化传播过程中,汉语言文化的传播效果在进行分众传播中有所体现,尤其是在那些对汉语言文化有需求的人群中有所实现,可以将其看作是一种带有选择性的传播方式。汉语言文化是个十分复杂的文化综合体,它包括民俗民风、服饰文化、节庆文化、音乐文化等,对汉语言文化感兴趣的人群可能会因彼此不同的兴趣点而被分成不同的部落群体,所以在汉语言文化的传播过程中,不同的受众可能会根据自己的需求,选择仅仅关注汉语言文化中的某一部分,例如对汉语言文化中的民俗民风感兴趣的群体,可能只会在新媒介平台对这些内容进行

搜索，或者重点对某些地域的特色民俗文化进行深入研究；对节庆文化比较感兴趣的群体，则会更多地关注不同地区在节庆时的典故和仪式，在一些综合性的网站上去寻找关于这类文化的新闻等；而对汉语言文化中的宗教文化比较感兴趣的群体，则可能只会关注宗教仪式、宗教溯源、与宗教相关的雕塑及绘画艺术等方面的信息。因此，可以看出，关注汉语言文化内容的受众大多会因为对汉语言文化中的不同方面感兴趣而相互聚合在一起。

第三章

"一带一路"背景下基于"5G+VR"技术的汉语言文化传播创新模式的构建

党的十九大报告指出，要大力加快国际传播能力建设，讲好中国故事，从各个方面展现立体、真实、全面的新中国，增强我国的文化软实力。同时，雄厚的文化软实力又需要建立在切实有效的对外文化传播之上。2013 年 9 月 7 日，习近平主席在哈萨克斯坦纳扎尔巴耶夫大学发表了重要讲话，提出了共建"丝绸之路经济带"的倡议，并将这一介议认定为造福沿途各个国家及地区人民的一项伟大事业。习近平主席在倡议中指出，在这条历史悠久的丝绸之路上，不同国家和地区的人民一同谱写出了传诵千古的友好篇章，两千多年的历史交往充分证明，只要我们坚持团结互信、平等互利、包容互鉴、合作共赢原则，不同种族、不同信仰、不同文化背景的国家完全可以实现共享和平、共同发展，这也是古丝绸之路为我们留下的宝贵启示。2013 年 10 月，他在出访东南亚时又提出了共同建设"21 世纪海上丝绸之路"的重大倡议。这两次倡议共同构成了"一带一路"倡议。习近平指出，共建"一带一路"，要顺应经济全球化的历史潮流，顺应全球治理体系变革的内在要求，顺应各国人民过上更好的日子的强烈愿望。面对未来，我们要用更广的视野、更宽的胸襟去拓展区域之间的合作，共同推动"一带一路"沿着高质量的发展方向不断前进。

　　"一带一路"倡议作为我国重大战略构想，肩负着实现祖国伟大复兴和推动沿线各国走向共同繁荣的重要历史使命。在"一带一路"倡议背景下实施中国文化的对外传播，是推动"一带一路"沿线国家进行文化交流合作、促进文化价值认同的必由之路。在网络信息时代的浪潮中，中国文化对外传播体系的传播主体正在从以政府为主导的单一、单向模式逐步向"全方位""多层次""一体化"的特征转变。"一带一路"倡议作为时代愿景，为我国对外文化传播提出了更具时代性、国际性的要求，同时，随着传播环境的客观转变，"一带一路"倡议也为对外传播主体、传播内容、传播渠道等具体传播环节提供了新的可能性。

3.1 5G+VR 技术与汉语言文化传播技术的发展背景

3.1.1 5G+VR 技术应用于汉语言文化传播的新思路

随着智能化、多元化的 5G 时代到来，汉语言文化的传播也迎来了更广阔的空间。一个国家的语言文化在海外的传播效果可以证明这个国家文化软实力的水平之高低。汉语言文化的国际传播既是中华民族文化自信和文化自觉的体现，又有助于提升不同国家及不同文明对中国文化和中华价值观的认同程度，而且切实有效地进行汉语言文化国际传播是我国外交文化事业的重要组成部分之一。

我国的很多学者都提到了在汉语言文化走向世界的进程中，已经完成了从"对外汉语教学"到"汉语国际推广"再到"汉语国际传播"三个概念的演变。国家汉办主任许琳在 2008 年就已经提出，要从市场的角度去看待汉语言文化在海外的传播。其他学者也提出，应当把汉语言的国际推广传播战略看作国家战略中一个重要组成部分，汉语言国际传播中的国别问题研究以及汉语言的国际传播战略的制定尤为重要。一个国家的语言若能在本国领域以外广泛传播，那么这个国家的价值观、文化观、世界观等也能同时得到广泛传播，这是因为语言作为一种传播媒介，可以让学习在其情感上和心理上对其所学语言所属的国家的各个方面都能产生认同感；在学习过程中，他们也会把这份情感认同传递给自己身边的人，让周围的亲朋好友对该国家的文化价值也产生认同感。这样一传十、十传百的扩散方式，可以实现汉语言文化在海外的有效传播。中国要想成为真正意义上为世界各国人民所认同的大国，就一定要把汉语言的国际教学视为中国综合实力中的重要组成部分及国家重点战略。

过去汉语言文化的国家传播平台主要采用传统技术手段，依靠人工对网络进行部署及维护。5G 时代的到来，加上受众心理上的一些变化，使得这些传统的平台不再适应社会和时代的发展变化。通过对这些现有的国际汉语言文化教育平台进行分析，可以看到这些平台存在的主要缺点：首先，平台的建设需要耗费大量人力资源和经济成本，但却无法满足大规模的数据使用。传统的汉语言教育平台上传的学习资料基本上是 PPT、Word 文档等，而其运行时则需非常多的人力去运营，维护的成本也较高。传统的汉语言教育平台由于受到传统通信技术上的限制，无法实现大规模的数据传输功能，不能满足新时代各类人群学习的需要。

其次，传统的汉语言教育平台设计上的缺陷，使得其很难实现"互联网+"时代下对大数据的收集和分析能力以及对实时互动数据的分析、反馈能力。是否能对反馈数据进行收集、整理，以及对这些数据加以及时且有效的分析，是判定一个传播平台是否成功的重要依据，这也直接关系到汉语言文化传播的效果。

最后，传统汉语言教育平台还存在技术老化、功能单一等问题。例如，最初设计数据库时，没有考虑实时收集人们活动数据的功能，或者收集的数据很少，且缺乏及时而大量的反馈。过去的传统平台在技术层面和存储容量上都有诸多限制，造成其在使用上存在缺乏良好互动功能的设计缺陷。

3.1.2　对 5G+VR 技术应用于汉语言文化传播的政策扶持

在新的历史发展时期，在全球经济一体化深入发展的背景下，习近平同志高瞻远瞩地提出了"一带一路"倡议，并强调在建设"一带一路"的进程中，各方应积极推进政策沟通、设施联通、资金融通、贸易畅通、民心相通。在这"五通"当中，民心相通是"一带一路"倡议建设中的社会根基。所谓"国之交在于民相亲，民相亲在于心相通"，要想实现民心相通，就需要我们在文化传播和文化交流等方面多下功夫，同时也需要我们弘扬和传承丝路精神，在民心相通的基础上，进一步深化人文交流。"一带一路"倡议是一条互尊互信、合作共赢、文明互鉴的道路。如今正是"一带一路"倡议施行的黄金时期，我们面临着全新的历史机遇及挑战，这也对"一带一路"倡议建设的文化传播提出了更高层次的要求。

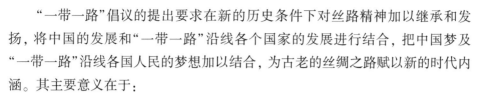

"一带一路"倡议的提出要求在新的历史条件下对丝路精神加以继承和发扬，将中国的发展和"一带一路"沿线各个国家的发展进行结合，把中国梦及"一带一路"沿线各国人民的梦想加以结合，为古老的丝绸之路赋以新的时代内涵。其主要意义在于：

第一，"一带一路"建设是扩大对外开放的一项重大举措，也是我国经济外交中的一项重要顶层设计。改革开放40年实践经验充分证明，经济开放带来进步，政策封闭带来落后。对于现在的中国来说，首要的问题并不是中国是否还要对外开放，而是如何进一步提高中国对外开放的质量和发展的内外联动性。目前我国的经济总量稳居全球第二，但是随着中国的经济发展进入新时期，在这样的情况下，如何保持中国经济能够健康持续地发展，就需要有更为广阔的国际视野，以便于更好地对国内和国际两个大局进行统筹，更好地结合国内、国际这两个市场和两种资源。例如目前的"一带一路"建设，能使我国的对外开放策略从沿海、沿江一带向内陆、沿边延伸。因此以"一带一路"倡议建设为契机，能让我国的产能和建设能力更快地走出去。同时"一带一路"倡议建设也能让周边的国家乘上我国经济发展的快车，让沿线国家对该发展策略更认同、更支持、更亲近，从而营造出更有利的外部环境。

第二，"一带一路"倡议建设开启了新的对外合作模式，这也是一条实现互利共赢的道路。我国"一带一路"倡议建设的核心是促进经济发展，进而实现各国经济共同发展。在过去，"一带一路"的沿线国家往往被誉为"流淌着蜂蜜和牛奶的地方"，可是现在许多地方却成了危机挑战和冲突动荡的代名词。这些问题该如何化解？最为有效的方法还是通过经济发展来解决目前所面临的问题。从经济和文化的建设来看，"一带一路"沿线许多国家确实拥有很好的基础与条件，其市场发展规模很大，也拥有非常好的资源，各国之间的互补性很强，具有很大的发展潜力，发展前景一片光明。而"一带一路"倡议建设就紧紧抓住"发展"这个关键词，将各国人民对美好生活的向往串联起来，结合经济和文化的共同繁荣去造福"一带一路"沿线各个国家和地区的人民。

第三，"一带一路"倡议建设也为全球经济与文化发展体系的完善提供了新的思路方案与新的方案。从经济发展来看，现有的全球治理体系伴随时代的进步，出现了越来越多不合理的地方。对全球治理体系进行变革，促进全球经济更好地发展，成为全球大多数国家的共识。而中国作为人口和面积都位世界前列的大国，也应起到模范作用，积极参与到全球治理体系的建设和变革当中，不断为世界贡献中国力量和中国智慧。无论是建设人类命运共同体，还是"一带一路"倡议建设，均为这一方面的重要举措。且"一带一路"倡议的核心是坚持相互合作而不是互相对抗，坚持双赢、多赢、共赢而非单赢。"一带一路"倡议要求我们不断去寻求各个国家和地区之间的最大公约数，拓展相互之间的经济合作，最后达成共识，来推动经济全球治理体系的伟大变革。从文化的传播来看，"一带一路"沿线各个国家的发展离不开相互之间历史文化的交融，只有依托文化的相互融合，才能了解各国民众的民俗喜好，让各国民众了解不同国家的文化底蕴，在思想的高度上相互沟通。文化不仅是人类智慧的象征，还是非常重要的人文资源。在经济飞速发展的当下，国家的文化影响力对经济发展的作用也日益凸显。中国的汉语言文化历史悠久，在世界文明占据着重要地位，因此"一带一路"倡议建设，有利于汉语言文化的传承和创新。

第四，"一带一路"倡议建设是推动人类命运共同体搭建的重要实践平台。当今的世界正处于百年不遇的大变局之中，正处在大变革、大发展、大调整的时期，很多全球性的挑战仅凭一个国家的力量很难应对，尤其是那些世界性、全球性的问题。只有各个国家相互合作，整合各国经济要素及发展资源，才能汇聚成合力，更好地去推动世界和平发展。正是基于这个重大意义，习近平同志才创造性地提出打造人类命运共同体这一重大理念。

除了这四个主要意义之外，在"一带一路"倡议的建设中，还包含着一个最主要的内容——互联互通，这主要可以从以下五个方面进行理解。

（1）政策沟通。政策沟通的意思就是要聚焦发展这一根本问题，不断对各国的经济政策等方面的沟通加以深化。发展是世界各国的第一要务，不仅对中国来说是如此，对于其他国家而言更是如此。而政策沟通就是要针对发展这一根本问题，来加强各国之间经济政策上的协调以及发展战略上的对接。从政策层面来看，各国制定的相关法律策略给"一带一路"倡议建设创造了良好的条件，也可以在执行过程中为其开些绿灯。就这点来说，我国同相关国家进行了政策协调，以此推进"一带一路"倡议建设，且内容非常丰富。这些内容包括：向俄罗斯提出建立欧亚经济联盟，向东盟提出互联互通总体规划，向哈萨克斯坦提出建设"光明之路"，向土耳其提出打造"中间走廊"，向蒙古国提出建设"发展之路"，向越南提出搭建"两廊一圈"，向英国提出建立"英格兰北方经济中心"，与波兰提出的建设"琥珀之路"，等等。与这些战略发展规划对接，能为双方的发展以及"一带一路"倡议建设的推进寻求到非常好的结合点。

（2）设施联通。主要是以交通的基础设施为突破，强化设施联通。设施联通作为合作发展的基础，在各国交往之中有着非常重要的作用。所谓"丝绸之路"，是告诉人们，首先要有路。有了路，才能让人得以顺利通行，物品得以流通。在习近平同志提出的"一带一路"倡议思想的引导下，通过这些年的努力，"一带一路"建设在设施联通方面也有了重大进展。例如雅万高铁的建设，搭建了从雅加达通往万隆的铁路，且进展十分顺利。这条高铁通车之后，两地间的旅行时间将从原来的3小时缩短到40分钟；此外还有亚吉铁路的开通，这条铁路连接着埃塞俄比亚与吉布提，从内陆国家埃塞俄比亚到吉布提的出海口，过去只能通过公路前往，需要耗费七天的时间才能将货物运输到吉布提，再出口到周边的其他国家。而亚吉铁路通车后，这一时间被缩短到只要12小时，这对两个的发展，尤其是埃塞俄比亚国家的发展，以及沿线其他国家的发展，都带来了巨大的帮助。因此，这条铁路也被称为"新时期的坦赞铁路"。在海运方面，既有位于巴基斯坦的瓜达尔港，又有希腊地区最大的港口等。可见设施联通方面经过这些年的发展，已经取得了非常好的成果。

（3）资金融通。即以融资平台建设为抓手，来扩大资金流的融通。以前人们常说："兵马未动，粮草先行。"而"一带一路"倡议建设有相当大的规划，当中的资金投入是不可或缺的。但是"一带一路"倡议建设的沿线国家大多是发展中国家，它们面临的最严峻的问题就是资金短缺。对于这个问题，习近平同志创造性地提出要筹建丝路基金和亚投行（亚洲基础设施投资银行）。"一带一路"倡议建设与亚投行相伴而生。经过这几年的发展，亚投行已有93个正式成员国，其注册资本达到1000亿美元，发挥着越来越重要的作用。丝路基金于2014年设立，目前同样运行良好，为沿线国家进一步开展"一带一路"倡议建设提供了充足的资金支持。

（4）贸易畅通。即不断对营商环境进行改善，从而促进贸易畅通。贸易是经济增长中一个重要的引擎。"一带一路"建设的沿线国家总人口数量达到了30亿，无论是从市场规模上看，还是从其发展潜力上看，都是相当大的。而贸易畅通的一个重要方面，就是推动投资和贸易的便利化、自由化。在过去的20年里，经济全球化的主力军是美国这样的西方国家，但经过几十年的发展，全球格局发生了显著变化。现在，中国被认为是推动世界贸易及投资自由化以及便利化进程中的最大旗手。习近平同志所提出的"一带一路"倡议建设就是最好的证明。

（5）民心相通。民心虽然不像设施、资金、贸易一样看得见、摸得着，但却非常重要。世人都说："国之交在于民相亲，民相亲在于心相通。"无论是经济的发展还是文化的传播，要实现跨越如此辽阔的地域、覆盖如此多的国家的重大建设，如果老百姓不是打心底对这些建设认同、接受，缺乏良好的人文交流，是很难实现的。

"一带一路"倡议建设不但为沿线各个国家分享了中国改革发展红利，也让各个国家能更好地借鉴中国发展的经验及教训。中国将着力推动沿线国家之间实现合作与对话，建立更加平等均衡的新型全球发展伙伴关系，夯实世界经济长期稳定发展的基础。"一带一路"倡议正在推动全球再平衡。"一带一路"倡议鼓励向西开放，带动西部开发以及中亚、蒙古等内陆国家和地区的开发，在国际社会推行全球化的包容性发展理念。

同时，"一带一路"是中国主动向西推广中国优质产能和优势产业的战略，其将使沿途、沿岸国家首先获益，改变了历史上中亚等丝绸之路沿途地带只是作为东西方贸易、文化交流的过道而成为发展"洼地"的局面，打破了欧洲人主导的全球化造成的贫富差距、地区发展不平衡，推动建立持久和平、普遍安全、共同繁荣的和谐世界。

"一带一路"沿途国家的特征主要是民族众多、文化呈多元化，因此，在各个国家和地区之间加强文化交流及文化传播就显得十分必要。在古丝绸之路时，各国之间的文化传播主要是通过商贸往来和宗教传播等方式进行，让东西方的文化有效地汇聚交融，人类文明也得以呈多样化的发展趋势。但在那个特定时期和时空的限制下，古汉语文化在古丝绸之路中的传播效率很低。今天，随着互联网科技向各个领域不断渗透，让传统的汉语言文化传播模式也得以突破，互联网让过去文化传播受到的时空限制在一定程度上得到了解除，这样就提高了汉语言文化传播的效率和幅度。从这个方面来看，"一带一路"倡议建设受益于"互联网+"信息时代，而互联网时代的进步也势必会改变"一带一路"倡议沿线国家汉语言文化的传播模式，能为沿线国家及地区间的文明互鉴和文化交流做出巨大贡献。

在 2015 年的两会期间，李克强总理在政府工作报告中首次提出"互联网+"行动计划，这便让"互联网+"得到了社会各界的广泛关注。作为互联网技术发展的新形态和新业态，5G+VR 也是互联网形态变革和演进的新形式，在这一背景下就诞生了新的社会经济发展形态，而其中知识社会创新是最为重要的促进因素。5G+VR 有利于汉语言文化更快、更好地传播,并能优化和集成对汉语言的资源配置。对于整个教学媒体领域而言,5G+VR 的结合,代表着一种全新的先进生产力,不仅仅使教学媒体之间无线移动连接成为可能,还让教学媒体的软硬件操作变得更为流畅、功能更为强大、场景更加逼真等,最终推动汉语言文化形态的完善和发展。

3.1.3 基于 5G+VR 技术的汉语言文化传播模式构建理论基础

VR 技术在教育中的应用通常是在一定的教育理论指导下进行的。在教育的理论体系中,学习理论是处于核心地位的。对教育影响大而直接的学习理论是行为主义学习理论、认知主义学习理论和建构主义学习理论。如果把虚拟现实技术与教育有机结合,教育与社会需求之间的差距将得以缩小,因为虚拟现实技术对教育产生深远影响有着深厚的理论依据,且其本身是对客观对象的模拟,所构建的学习环境与实际生活情境相关。

3.1.3.1 建构主义学习理论

虚拟现实通过建构可视化场景,直观形象地向学生讲解事物的概念,从而让学生更容易理解事物的性质、规律。更重要的是,学生与虚拟对象的主动交互有利于建立先前经验,加强所学知识与将来运用该知识情景之间的联系,从而达到学习的意义建构。

建构主义(constructivism)也译作结构主义,其最早提出者可追溯至瑞士的皮亚杰(J. Piaget)。他坚持从内因和外因相互作用的观点来研究儿童的认知发展,他认为儿童是在与周围环境相互作用的过程中,逐步建构起关于外部世界的知识,从而使自身认知结构得到发展的。

建构主义认为,知识不是通过教师传授而得到,而是学习者在一定的情境即社会文化背景下,利用必要的学习资料,借助过程中其他人(包括教师和学习伙伴)的帮助,通过意义建构的方式而获得。因此学习是在一定的情境即社会文化背景下,借助其他人的帮助即通过人际协作活动而实现的意义建构过程。

105

建构主义为促进 VR 技术在教育中的应用提供了较好的理论基础。建构主义认为，知识的建构来自个人体验。VR 技术的沉浸性消除了参与者与计算机之间的界限，为个人了解世界创设了一种体验，有助于材料的学习。VR 技术为学生进行非符号系统的学习创设环境，从而避免了学生学习建立在符号系统上的学科时的失败。

　　虚拟现实技术能有效促进学生认知结构的形成和发展。建构主义学习理论认为，学习是一个动态的适应过程，个人在学习过程中的活动是对环境的特定反映，人不能脱离社会环境而孤立地学习，只有当学习材料与学习者的动机、情感和社会生活相互作用时，学习才能发生，对知识的理解和掌握才能在意义建构过程中完成。学习者是通过与某一领域知识的相关经验来储存和提取所有知识的，并不是接受点滴知识并将它们储存在头脑里，而是从外部世界吸收信息，然后建构自己的知识领域。知识是学习者在一定的情境即社会文化背景下，借助老师和学习伙伴的帮助，利用必要的学习资料，在交互作用过程中自行建构的，因而学生应处于中心地位，教师是学生的帮助者。虚拟现实扩展了人类的感知范围，使人们可以在现实中从事以前无法进行的工作；而且，虚拟现实可以使我们感知那些物理模型无法表示的抽象思想和过程，可以将抽象的概念转化为我们所能感知到的体验。它在教学上的应用能有效地促进学生认知结构的形成和发展，促进人们的认知观念、教育观念发生根本性变化。

　　VR 技术为交互式学习提供了坚实基础。建构主义认为，教学是学习者充分利用环境提供的丰富工具和资源建立自己的认识和理解的过程。学生的知识建构是一个积极主动的过程，学生试图将新知识与更广泛的知识经验联系起来，成为完整的知识体系，而不是只与一两个观念建立联结。学生不只是理解和记忆现成的结论，而是要理解这些知识所指向的问题，并基于自己的知识和经验，来批判地分析它的合理性，形成属于自己的知识。虚拟现实的三维图形界面和听觉特性以及对学习对象操作的三维交互特性，都能够比较容易地使使用者产生身临其境的感觉。虚拟现实本身是一种综合媒体，是直接对客观对象的模拟，所以它不需要刻意去追求模仿逼真程度，不需要对虚拟现实使用者所看到、听到、感觉到的现象进行进一步解释，故虚拟现实教学软件可将重点放在对学习效果的研究上。而且，虚拟现实的环境并不要求具有与现实世界完全一样的特性，它可以将现实世界的特性与可操作的虚拟环境相结合。在虚拟世界里，可以有各种不同的可调节参数，这一特征为交互式的学习奠定了坚实的基础。从以上建构主义学习理论的观点来看，这种从做中学的方式将学习者置于主动学习的中心地位，将更有助于学习者知识体系的构建。

3.1.3.2 情境学习理论

情境学习是由美国加利福尼亚大学伯克利分校的让·莱夫(Jean Lave)教授和独立研究者爱丁纳·温格(Etienne Wenger)于1990年前后提出的一种学习方式。

情境学习理论认为，学习不仅仅是一个个体性的意义建构的心理过程，更是一个社会性的、实践性的、以差异资源为中介的参与过程。知识的意义连同学习者自身的意识与角色都是在学习者和学习情境的互动、学习者与学习者之间的互动过程中生成的，因此，学习情境的创设应致力于使学习者的身份和角色意识、完整的生活经验以及认知性任务重新回归到真实的、融合的状态，力图解决传统学校学习的去自我、去情境的顽疾。正是基于对知识的社会性和情境性的主张，情境学习理论告诉我们：学习的本质就是对话，在学习的过程中所经历的就是广泛的社会协商，而"学习的快乐就是走向对话"。

简单来说，情境学习是指在要学习的知识、技能的应用情境中进行学习的方式。也就是说，你要学习的东西将实际应用在什么情境中，那么你就应该在什么样的情境中学习这些东西。"在哪里用，就在哪里学。"譬如，你要学习做菜，就应该在厨房里学习，因为你以后炒菜就是在厨房里。再如，你要学习讨价还价的技巧，就应该在实际的销售场合学习，因为这一技巧最终是用在销售场合的。

学习不能被简单地视为把抽象的、去情境化的知识从一个人传递给另外一个人。学习是一个社会性的过程，知识在这个过程中是由大家共同建构的，这样的学习总是处于一个特定的情境中，渗透在特定的社会和自然环境中。情境学习强调两条学习原理：第一，在知识实际应用的真实情境中呈现知识，把学与用结合起来，让学习者像专家、"师傅"一样进行思考和实践；第二，通过社会性互动和协作来进行学习。

情境认知学习理论为学习者在真实情境下通过社会性互动建构知识意义奠定了重要的理论基础。这一理论认为知识的本质是一种解决各种具体情境中问题的思维能力的建构，因此应当在情境中学习。在语言学习领域，将学习者嵌入真实的语言交际情境中，使其在社会性互动中完成语言意义的建构是该理论运用于语言实践的核心所在。然而国外汉语教学环境中存在着社会文化语境缺失的局限性，学习者难以在课堂教学之外拥有真正意义上的基于社会文化语境的互动式学习环境。社会文化语境的缺失导致了语言文化信息与其产生的情境相脱离，阻碍了学习者的意义建构和文化适应。而 VR 技术可以创设高度真实的情境以及用户群体带来的语言资源，正好可以弥补社会文化语境缺失这一缺陷，语言教学方式也将因此发生转变。

3.1.3.3　自主学习理论

自主学习（autonomous learning）也称为自我导向学习（self-directed learning），一般指学习者自行确定学习目标、选择学习方法、监控学习过程、评价学习结果的过程。在自主学习中，教师起指导作用，学生自主探索、建构知识的过程更重要，因而学生在学习过程中一定要借助反馈信息，形成对客观事实的认识及培养解决实际问题的能力。齐莫曼认为，当学生在元认知、动机、行为三个方面都是一个积极的参与者时，其学习就是自主的。在元认知方面，学生能够在自主学习的不同阶段进行计划、组织、自我指导、自我监控和自我评价；在动机方面，学生在自主学习中把自己视为有能力、有效率的自律者；在行为方面，自主学习的学生能够选择、组织、创设使学习达到最佳效果的环境。

Winne 和 Butler 认为，自主学习者面临学习任务时，首先要利用已有的知识和信念对任务特征和要求进行解释。学生一旦完成对学习任务的解释，接下来就要设置学习目标。学生所选择的目标在形成和开展自主学习的过程中居核心地位，因为学生要根据学习目标来确定学习方向，判断学习的进展情况，选择和调整学习过程和策略。学习目标确定之后，自主学习的学生就要根据学习目标选择和运用相应的学习策略，利用学习策略对学习任务进行加工，最后生成学习结果。

在虚拟学习环境中，外部反馈的信息经过学生的知识和信念过滤，然后经过目标设置、策略应用、结果生成过程，最后进入监控过程。详细的反馈可以丰富关于学习过程及其结果的监控标准。根据内部和外部反馈的信息，学生可能会重新解释任务成分，调整学习目标，重新选择学习策略。经过多次反复的过程，最终获得与任务标准和要求相匹配的学习结果。

许多实验研究已经表明，处于各年龄阶段的学生都可以获得和使用某些自主学习策略。在用虚拟现实创设的开放的学习环境中，学生可以最大限度地发挥自主性,通过自己的探究活动和与其他学习者的相互协作来建构知识。虚拟学习环境对学生的自我控制能力要求很高,学生不仅要自主地控制学习环境、学习对象等,而且要将虚拟环境与真实环境联系起来,以便更好地迁移运用虚拟环境中掌握的知识与技能。因此,在虚拟学习系统中,同要为学生提供适当的控制手段,使他们能够控制内容覆盖范围、学习的深度、表示知识的媒体的类型、所花的学习时间等,这有助于锻炼学生的自律能力和增强其持久学习动机。

3.1.3.4　认知主义学习理论

认知主义学习理论的基本观点是人的认识不是由外界刺激直接给予的,而是外界刺激和认知主体内部心理过程相互作用的结果。根据这种观点,学习过程被解释为每个人根据自己的态度、需要和兴趣,并利用过去的知识与经验对当前工作的外界刺激(例如教学内容)做出主动的、有选择的信息加工的过程。教师的任务不是简单地向学生灌输知识,而是先激发学生的学习兴趣和学习动机,然后将当前的教学内容与学生原有的认知结构(过去的知识和经验)有机地联系起来;学生不再是外界刺激的被动接收器,而是主动地对外界刺激提供的信息进行选择性加工的主体。与此相对应,认知主义的教学观念是为学生提供一种对自身进行认知加工的特定情境和特殊过程,从而在促进学生认知结构的形成过程中推动学生的认知发展。而认知心理学则把知识分为两类:一类是陈述性知识,它指个人有意识地提取线索,能直接陈述的知识;另一类是程序性知识,这类是个人通过意识的提取,只能借助某种作业形式推测其存在的知识。知识的掌握是学习者通过新、旧经验之间的相互作用而完成的,有符号性学习、观察性学习和活动性学习三种途径。符号性学习不仅是对符号本身的学习,更主要的是个体在通过语言符号与他人进行交流的过程中实现的知识经验的增长,其概括性和系统性较强。观察性学习是个体通过对其他人与客体的相互作用(活动)过程的观察而实现的知识经验的增长,观察者是以自己的经验为基础去理解其他人的活动的,包括理解活动的背景、目标、对客体的操纵以及这种操纵带来的结果等。活动性学习即通过个体与客体的相互作用,通过活动而实现的知识经验的增长,它融于个体的活动中,是知识经验最直接、最自然的来源。

任何一种认知论都有它的本体论立场。传统认知论的本体论立场尽管多种多样，但它们有一个共同之处，就是立足于现实来探讨认知的对象、认知的过程、认知的本质等。VR 技术的应用，使得虚拟现实对象产生。从认知的过程来看，认知对象从传统的与现实世界打交道，变为与虚拟现实对象直接交互，人脑的某些认知环节和过程交给了虚拟现实对象，从而产生了一种新的认知方式。

虚拟现实与教育相结合，必须从学生的认知心理出发，注重学生的具体经验和对情境的理解，使得学习者的新旧知识之间的同化顺利完成，建构起自己的认知结构，促进认知发展。

3.2　VR 技术背景下裂变型汉语言文化的传播模式

在 5G+VR 时代，依托 VR 技术平台的分享功能，让汉语言文化呈指数级增长成为可能，从而引发受众乐于分享的动机，而这一点也是汉语言文化的传播模式能够运行的一个关键。首先，传播者需要提供优质的汉语言文化内容，从汉语言文化本身来引发受众的分享行为；其次，传播者和受众、受众和受众之间这种现实的社会关系也是让受众乐于分享的重要因素；最后，当前面两种方式都不能激发受众的分享动机时，则可通过现金红包和实物奖励的方式激发受众的分享行为。

在 5G+VR 时代，汉语言文化摆脱了传统的文化传承方式，即"一对一传播"，开始利用 VR 技术来进行传播。通过这种方式，即使是在很短的时间内，也可以实现"一对多"甚至是"多对多"的传播。在裂变型汉语言文化的传播模式中，这样的传播方式是可以实现的。

3.2.1　裂变型汉语言文化传播模式简介

一说到裂变，大家都会想到高中时在物理课上学到的"核裂变"。核裂变的原理其实并不复杂，就是用中子去轰击裂变材料的重原子核，这些重原子核被轰击后会分裂为 2~3 个轻原子核，同时还会释放出 2~3 个中子，这些中子又会轰击其他的重原子核，这样一来，在极短的时间内就释放了巨大的能量，这种过程被称为链式反应，就像 1 变 2、2 变 4、4 变 8 一样。在 5G+VR 时代，借助 VR 平台的力量，由传统媒体和政府所主管的多种文化在传播时都表现出了一种裂变的状态，汉语言文化也是如此。

通常在对各个民族的大型节日庆祝活动做宣传时，就会以这样的方式进行传播，要知道仅凭个别人是不可能做到既组织好节庆活动又能将其广泛地传播出去的。当地政府可以投入了相对充足的资金，并且还有相应的组织宣传部门和文化部门配合，能够充分掌握民族区域内的各种汉语言文化资源情况，调动物质资源和社会人力使其处于有利的位置，依靠着这些有利优势，政府在民族文化的大型庆祝活动中，可以充分表现其主导作用。与此同时，当地的传统媒体也被充分地调动，并且呼吁参加此次活动的群众将活动的内容与概念进行转发与收藏，让这些民族文化信息不停地往下分散传播。我们把这样的传播方式概括为裂变型汉语言文化传播模式。

3.2.1.1 裂变型汉语言文化传播模式的组成因素

古迪孔斯特有句名言："跨文化传播涉及有关文化与传播研究的方方面面。"跨文化，简而言之，就是两种不同文化之间的交流与传播，主要有跨文化交流和跨文化传播两种形式。跨文化交流主要指人际传播层面的跨文化，它是指来自不同文化背景的人们相互交流的一种情境。而研究语境中的跨文化传播多指大众传播层面的跨文化，即处于一种文化的媒体向另一种文化中的受众进行传播。

科学传播现象和过程都极其复杂，但在这复杂的关系结构中又有相对稳定和可以预见的规律，传播模式就是利用简洁的图像和公式来表现这些规律，让传播过程能更加直观地被理解和认识，并由此获得整体形象和普遍图景。丹尼斯·麦奎尔曾将模式看作"用图像形式对某一客观现象进行有意简化的描述，每个模式试图表明的是任何结构或过程的主要组成部分及这些部分之间的相互关系"。传播是人类社会关系内部的一种凝聚力，是社会成员交换信息、相互作用的过程。20 世纪 40 年代以来，国际上传统的传播模式，主要包括以拉斯韦尔"5W"传播模式和香农—韦弗传播模式为代表的线性传播模式，以施拉姆大众传播模式为代表的控制论传播模式和以赖利夫妇模式为代表的系统论传播模式，分别归属于表征传播过程及结构的模式（如基本模式）和表征传播要素关系的模式（如影响、效果、受众、媒介模式）两个大类。其中，拉斯韦尔在 1948年提出的直线模式至今仍是认识和研究传播的核心框架，其涵盖的"传播者、受传者、内容、渠道以及效果"五大要素也被视为传播研究的基础。可以说，传播学基本模式就是以此为基础而建立的。这一传播模式的具体内容见图 3.1。

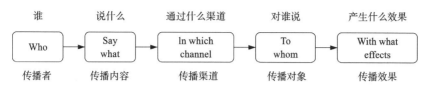

图 3.1 拉斯韦尔"5W"传播模式

它由传播者、传播内容、传播渠道、传播对象和传播效果这五个环节构成传播活动，这个理论是由拉斯韦尔提出的，理论为基础，联系裂变型汉语言文化传播方式的实际状况，简洁地解析此模式的每个构成因素。

在裂变型汉语言文化的传播模式中，政府和传统媒体作为传播主体，它们一般有天然的权威性，在社会上处于主导地位，特别是在公共资源的配置方面，它们所表现出的信息可以使人们产生更多的信赖心理，也使得传播的信息内容更能为人民群众所重视，并且它们将以提升当地的知名度为目的去传播汉语言文化，为拉动当地地方经济的发展，为当地设计并创造一张带有汉语言文化特色的明信片。

就传播的内容来说，在裂变型汉语言文化的传播模式中，它们主要是对我国不同民族文化的大型节日庆祝活动进行传播。对于各类民族文化来说，这种传播形式是可体验的，目的就是让参与汉语言文化节日庆祝活动的人沉浸在这种热闹的气氛中，让其感受到各族人民对大自然的歌颂和对生活的热爱。

在对汉语言文化进行裂变式的传播过程中，可以通过各大网站的网络报道和网络直播来实时传播有关民族文化的大型节日庆祝活动的盛况，如从一开始的活动宣传到举行时的报道和直播，在活动火热进行时，使汉语言文化在一定时间内得到参与者的广泛传播。

各族人民对自己民族的文化都非常感兴趣，当这一部分人接收到与本民族文化相关的信息时，他们会出于对民族文化的喜爱和对汉语言文化传承的使命感，传播他们所接收到的文化信息，从而让更多的人了解或喜爱汉语言文化。

3.2.1.2 裂变型汉语言文化传播模式的传播过程

裂变型汉语言文化的传播过程如下（见图 3.2）。

第一步，传播者将汉语言文化中所涉及的服饰文化、歌舞文化、节庆文化，以及其他的民俗文化发表在各大网络平台。

第二步，传播者施压于与他们有一定关系的下属，请求各自的亲戚与朋友，并以实物奖励和内容为诱惑，激发他们的兴趣，从而让他们分享或传播已经被发表在各类网络平台上的汉语言文化。

第三步，向其他人的亲戚、朋友、下属以及一些收到了汉语言文化信息的其他大众进行传播。他们将文化内容打包分享或转发到自己的网络平台上，对他们的亲朋好友、下属以及其他人民群众进行传播。

如果说，第三步接收信息的人愿意将汉语言文化的信息继续传播下去，使裂变型传播方式继续，如此，第三步的传播就会得到重复传播，直到人们分享与转发的兴趣和动作全部停止。

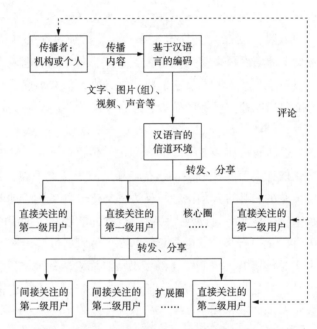

图 3.2　裂变型汉语言文化传播模式的传播过程图

一般情况下，只有在举办大型文化节日庆祝活动时才会运用裂变型汉语言文化传播模式来进行传播。近年来，不同地区政府都会结合各种新的技术手段来重新定义重大民族节日的庆祝方式，在举办这些大型节日活动的过程中，少不了 VR 技术的参与。

在过去，民族节日一般是用来祭祀祖先或者用来庆祝的节日，在举行节日活动时，老一辈会烹饪美食，年轻的男女载歌载舞，大家一起祈祷来年一定要风调雨顺。随着科学技术的发展，好客且充满热情的族人会将本民族的传统文化传播出去，从而吸引来自更远的地方的客人，一起来感受本民族节日中热闹非凡的氛围。在这一背景下，不同民族间的汉语言文化向外传播的模式也变得越来越丰富多样。

3.2.1.3　裂变型汉语言文化传播模式的特点

根据裂变型汉语言文化传播模式的主要构成因素，笔者对其在传播时每个阶段具体表现出的特点进行了简要概括。

一、权威化的传播主题

在裂变型汉语言文化传播的方式中，如果想将裂变的效果放大，单单凭借一个普通的传播者是无法完成的，像这种刚结束"一对多"紧接着就是"多对多"的传播方式，需要具备足够实力的传播者。

在这种传播模式下，一般是传统媒体和政府作为传播的主体，因为它们在社会中都有一定的地位，且拥有调配一部分社会资源的权力，还主导着传播，这样传播出来的汉语言文化信息更具可信度。一方面，政府部门有很多，当它们在VR技术信息网络平台上将汉语言文化的相关文化讯息传播出去时，便可以施压于所有部门的工作人员，以工作任务的方式，在传播信息时合理地投入一些资金，在投入资金的同时将这些文化讯息分享或转发到公众的个人社交中，将奖励设定为实物，以此让群众参与转发和分享，让传播畅通无阻地进行到裂变的阶段。另一方面，为了在一定时间内将社会群众的关注点引到汉语言文化上，有影响力的传统媒体在汉语言文化的传播上投入了大量的资源，以此表现出对这一类活动的高度重视，政府也会在某段时间将所有的工作重心都放在与汉语言文化相关的事情上。此外，由传统信息网络平台和政府组织的汉语言文化传播活动，在民族区域内一般是一些需要投入设备、技术、资金的汉语言文化传播活动，或者是一些比较大型的节日庆祝活动，不仅能通过招商引资来与其他网络信息平台进行合作，一起扩大文化传播的范围，还能吸引当地群众关注，可能还能拉拢到那些因为看到相关的宣传视频而对汉语言文化产生兴趣的热心群众。

当今社会，只有在汉语言文化的传播主体具有一定地位，且在经济实力这一方面具有一定的优势的前提下，裂变型汉语言文化传播模式的效果才能发挥到极好的状态。

二、分享化的传播过程

凭借着许多文化信息接收者的分享和转发，裂变型汉语言文化得以传播。

由传统网络平台和政府组织的汉语言文化信息的传播，往往以网络直播和网络报道的方法被传播出去，当社会群众收到并阅读完这些信息后，他们就有可能将这些文化分享或者转发到自己的个人网络社交平台上，这些传播者会直接收到信息，如果需要他们对汉语言文化进行分享或转发，这就需要传播者发出请求，使他们分享或转发信息。但是，如果想让其他群众也自愿地参与到文化传播中来，就要使用一些比较特殊的方法。因为内容是汉语言文化传播的灵魂，所以要把汉语言文化传播的内容做好，让本民族的汉语言文化有别于其他民族的特殊风格，从而让浏览过相关信息的群众对其有深刻的印象，并且以它自己独特的民俗风情来吸引那些有猎奇心理的群众，让他们有想要深入了解的愿望。其次要利用群众的炫耀心进行传播，可以为他们提供资金资助，给用户一些其他人都不了解的信息，让他们用这些民族语言去和别人交谈，以此展现自己的博识，比如，在大型的节日庆祝活动前的宣传阶段，可以定个标题"一般人不告诉他，这就是最有趣最有特色的民族节日之一"，再简单介绍汉语言文化节日的特殊庆祝活动及其历史渊源。最后要想到不是所有的人都会认同并喜欢传播本民族的汉语言文化，提出只要在网络信息平台分享或转发关于汉语言文化相关的信息就可以领到奖励，比如：政府部门可以发放一些与汉语言文化相关的手工艺品。

三、由强到弱的关系链

要想让传播中断的概率变小，就要让裂变型汉语言文化传播方式的信息流距离信息源更远。信息在第二层进入了群众的"熟人圈"后，大部分的汉语言文化传播将会在第三层就中断。虽然在第二层中，群众讨论与参与的热情都很高，但因为他们个人的社交平台很难有人主动去分享或转发，这样就导致了信息流的中断。除此之外，如果社会群众主动发声，号召社交平台内的好友参与到传播汉语言文化中来，就可以让信息流在第三层不会沦陷于中断的"魔咒"，紧接着传播到后几层，从而达到呈指数增长的传播效果，并且发展为规模化的裂变型传播。但对于不受社会群众认同的文化，这样的效果就很难实现。

在裂变型汉语言文化的传播模式中，传播者和社会群众的关系一般是从第一层开始的，他们的关系到了后面就会变得越来越弱。如果传播的汉语言文化的内容没能激发社会群众去分享或转发的欲望,到了后面,传播越往下进行,就越容易中断。

3.2.2 裂变型汉语言文化传播模式的优势

一般在传播大型节日庆祝活动的盛况时就会采用裂变型汉语言文化传播模式,大型的节日庆祝活动的举办需要在物力、财力、人力等方面有充足的投入,这样一来,其所传播出去的效果便不是一般的传播主体可以做到的。

3.2.2.1 权威传播主体的优势明显

在裂变型汉语言文化的传播模式中,作为传播主体的传统网络平台和政府,利用自己本身的优势条件为民族汉语言文化的传播带来了便利。

首先,国家的行政机关——政府,一定程度上,本辖区内的公共资源都由他管理,就不同民族地区的政府来说,区域内的所有资源都可以被他们调配,并且相关的文化部门掌握着最准确、最全面的民族文化资源,只要活动和所需要的传播方案确定下来,那么在传播过程中,活动所需要的设备、场地及工作人员就能及时做好准备。对于这种需要很多资源投入的民族文化传播的活动来说,只要政府也作为传播者参与到此次活动中来,无疑可保障此次传播顺利进行。

其次,传统网络平台也有其本身的独特优势。一方面,传统网络平台在对拍摄画面的构想、传播内容的表现形式以及宣传手段都更具有专业性。另一方面,在网络信息快速发展的时代,人们虽然能准时收到各种新闻资讯,但是因为信息传播的速度太快了,难免在传播内容时出现"监察"不严的情况,导致社会群众对网络信息平台上所接收到讯息持怀疑态度,传统网络信息传播时,国家的审核制度往往会严格"监察",这是传统网络信息平台与新时代网络信息平台的不同之处。

最后,作为传播主体的传统网络信息平台和政府联合起来,强强联手,传统网络信息平台积极发挥其专业性,政府则充分合理地调配可以使用的所有社会公共资源,使得汉语言文化在大型的节日庆祝活动时可以更好地传播出去。

3.2.2.2　短时间内聚拢社会的关注

在裂变型汉语言文化传播模式下，所传播的汉语言文化一般来说都是与节日庆祝相关的文化，每一个步骤都是传播主体精心策划出来的，从节日庆祝活动的准备阶段，一直到节日庆祝活动的正式举行与结束，他们一直都在尽心尽力地付出着。

在节日庆祝活动准备的前期工作中，相关政府会单独创建一个工作小组，用来讨论并修改节日庆祝活动的一些具体流程。例如，火把节的庆祝活动一般都有左脚舞、篝火晚会、民族歌舞、文艺汇演和祭火仪式，还有一些节日庆祝活动场地附近的民族美食。其实政府的工作小组在庆祝活动前期会去请一位德高望重的长老来主持这个庄严的祭火仪式，提前公示出公告通知即将组织"太阳女"的选拔，还会安排各个民族乡镇的群众来组织左脚舞的排列，也会启动充足的资金去邀请一些有名气和热度的民族文化舞者或歌手一同来参加此次文艺汇演。传统信息网络平台则需要在庆祝节日活动开始之前做好一切准备工作，构思并制作火把节要用的宣传片，到该民族的各个乡镇去采风，整理以前关于火把节的资料与视频，并且将政府制定的关于此次火把节庆祝活动的具体日程安排，通过各大网站、公众号、博客、微博及当地的电视台发布出去，为了让更多的人看到此次盛大的节日庆祝活动并且吸引一些感兴趣的外来游客，他们往往会反复在各大网络信息平台发布关于火把节的信息，从节日庆祝活动开始一直到结束。

在举行节日庆祝活动时，当地的网络信息平台会联合其他的网络信息平台对节日庆祝活动的情况进行实时直播，并对那些有着不一样的活动的各个分会场的现场情况进行跟踪报道。当一个民族有大型的汉语言文化节日庆祝活动时，其区域内的居民就可以放假。即使是生活在汉语言文化民族区域内的居民也随时转变为一个传播者，并且通过手机将自己在此次盛大的节日活动中的直观感受发布出去。

经过活动前的精心筹备、不停地宣传以及汉语言文化节日庆祝活动进行时的报道和网络直播，该庆祝活动在短时间内就可以成为社会群众的关注点，各个网络平台也会接二连三地分享或转发关于此次节日盛况的相关信息，让没有机会参加到此次盛大活动的社会群众也能亲身感受节日庆祝活动火一般的热情与热闹盛况，为下一次的节日庆祝活动引来一些潜在的参与者。

3.2.3　裂变型汉语言文化传播模式运行时的不足

3.2.3.1　前期投入过高

根据前面的叙述，我们还可以知道，汉语言文化在裂变型的传播模式中，是以汉语言文化民族的大型节日庆祝活动为载体的，这是其与其他的传播方式的不同之处，其他的传播方式，不仅要做到分配合理，还需要投入更多的资源，且在每一个环节上都需要消耗足够多的时间与资金，以做好与活动相关的具体的时间安排和行动计划，所做的这一切都是在为活动前期的不确定性做好准备。

在活动的前期准备阶段中，首先需要选定本次汉语言文化节日庆祝活动的任务和目标，一方面，计算此次活动所需的资金总数，除了政府所资助的资金以外，还要积极地寻找其他赞助商；另一方面，根据上一次的节日庆祝活动来预算本次活动可能到场参加的人数，并试着突破上一次节日庆祝活动的参与人数。其次，制定行动的具体时间安排与行动计划，这就包括了预计此次活动的规模，以确定此次活动的会场大小，整个节日庆祝活动的环节具体有多少个，规划开展此次活动所需要的具体时间，安排什么样的表演节目，邀请该民族多少公众人物来参加此次活动等。然后，将这些环节安排给这个活动的负责人，接下来就是由这些人去安排可以支持这一活动的设备、工作人员的合理分配等工作。这些比较细节的工作都需要去反复推敲、演练，只有对活动的所有细节进行最后的调整并且确认后，才可以让汉语言文化活动在活动正式举办的时候达到一开始所预期的效果，不管是在新闻报道或网络平台直播的见闻，还是在线下通过直接接触式的参与，都能让来参加活动的社会群众感受到民族节日庆祝活动给人带来的浓浓的民族文化气息和节日狂欢的氛围。

3.2.3.2　活动的传播频率较低

用于不同民族的大型节日庆祝活动的裂变型汉语言文化传播方式，在短时间内可以呈现比较轰动的效应，但这种轰动的效应也只是一时的，因为节日庆祝活动并不是日常生活，它无法每天都举行。一年中大大小小的民族传统节日一共有将近 20 个，总共分为六大类，即祭祀节日、纪念节日、郊游节日、喜庆节日、农事节日和集市节日。

虽然不同民族的大型节日庆祝活动往往半年才举办一次，但传统网络平台也把此次节日活动相关的报道作为重点在工作中突出表现、反复报道，第一时间让民族节日庆祝活动的狂欢盛况霸占荧幕，通过传播者和被传播在网络平台上传播关于此次节日盛况的信息，让每个新的网络平台也在一定时间内充斥着民族节日庆祝活动的盛大场面。活动一旦结束，活动的宣传者和组织者就会把工作的所有重心转移，关于此次汉语言文化活动的情况信息就会突然在社会群众的视野里消失，仅凭一次的观看或参与，随着时间的流逝，当时那种满是汉语言文化特色的节日场景就会慢慢地被社会群众遗忘，很少可以留住以前到活动现场狂欢或者在网络信息平台上一起讨论的社会群众。还有一些其他的传统民族节日因为没有传统网络平台或政府这样的传播主体，只能在通信和交通相对闭塞的本地民族村庄与寨子里自己举办，最多也就是在当地的电视新闻报道中一笔带过，达不到真正传播汉语言文化的目的。

3.2.3.3 汉语言文化的内容普遍缺少新意

裂变型汉语言文化的传播方式在汉语言民族文化传播的具体使用中，主要是借助汉语言文化的大型节日庆祝活动的举行而进行的，然而比较传统的节日庆祝活动一般都有固定的活动流程和仪式，也只有像这种大型的民族节日庆祝活动，必须投入充足的财力、人力、物力，才可以达到裂变型传播的效果。虽然这几年来，民族区域内的传统网络平台和政府都会积极地让新的网络平台来对民族文化节日庆祝活动进行报道和直播。总的来说，每一年的民族汉语言文化节日庆祝活动的举办都安排得很相似，缺乏创意。如果不加以改变，会在很大程度上降低民众对民族文化节日庆祝活动的期待度。

3.2.4 使用裂变型汉语言文化传播模式时的优化政策

为了让裂变型汉语言文化传播模式在运行时能更好地发挥，笔者根据其在运行时可能出现的问题，提出了一些具有针对性的优化策略以对其进行改善。

3.2.4.1 充分使用新的网络信息化平台来降低筹备的成本

虽然新的网络信息传播平台的运行使汉语言文化传播的方式呈指数级增长变成了一种可能，但是就现在的传播的情况而言，民族区域内的传统网络信息平台和政府都还没能充分利用新的网络信息平台本身的优势来开展汉语言文化传播的相关活动。

民族的大型节日庆祝活动想要顺利举行，在财力、物力、人力这些方面都必须有相对足够的投入。虽然本地地方政府拥有可以支配政府资金的权力，但是，对于我国民族的一些民族聚居区域来说，因为当地的经济与各方面都比较落后，当地的地方政府财政资金收入较少，在组织当地的民族大型节日庆祝活动时，这无疑给当地地方政府带来了较大的压力，并且，新的网络信息传播平台建设还没有完善，这成汉语言文化在传播时需要投入大量财力、物力以及人力的原因。民族的传统网络信息平台和政府为了降低民族文化节日庆祝活动的成本，应该充分利用新的网络信息平台等优势条件。

就目前裂变型汉语言文化的传播模式的具体运行来说，使用得最多的就是网络信息平台的报道与直播，除了把汉语言文化节日庆祝活动的内容从电视端转移到手机端和 PC 端外，其呈现出来的总体形式和播放出来的内容的区别并不大。一方面，电视信息传播的直播与报道也不是随时随地都有的，因为不能让一些对此没有兴趣或没有多余时间的社会群众来观看节日庆祝活动的报道和直播，所以这只能根据节日庆祝活动的安排来定。另一方面，对舞台的搭建与设计，邀请明星，投入专业的直播团队与设施，这些都需要充足的资金才能去完成。新的信息网络传播平台覆盖的范围很广，技术的要求更低，推广的渠道也有很多，并且大部分都是免费的，这可以很大程度地减少汉语言文化传播的成本。

3.2.4.2 创新传播模式的呈现形式与内容

虽然每年民族区域内的传统网络信息平台和政府都在积极筹备并举办民族大型节日庆祝活动，但是每一年的活动主体都很相似，整个活动的流程与大部分节日活动也都相同，再加上本地传播的效率偏低，政府应该在其他的民族文化传播的方面加大投入，让民族文化不管在哪，不管什么时候都在传播。

随着 5G+VR 技术的更新与发展，新的网络信息传播平台不断地涌现，只有跟着时代一起扩大各个网站、微博、微信等文化传播平台的使用，并且同时开发数字文化博物馆这一类新的民族文化载体和传播渠道，才能实现民族汉语言文化的可持续发展。

一、5G+VR 汉语言文化沉浸式传播模式的构建

自《纽约时报》在 2015 年率先发布了全景的 VR 视频新闻以来，国内外的各大媒体机构都相继推出了各种 VR 视频新闻，2016 年也因为 VR 的兴起被称为"VR 元年"。对于传媒行业来说，"VR 元年"为我们开启了一个崭新的媒体时代，这个时代不仅标志着现代科技在媒介领域内进行了新的运用，同时也为我们开启了一种新的传播模式。2016 年两会期间，包括新浪在内的各个媒体都争相推出与 VR 相关的视频新闻，这也成为 VR 技术在新闻报道领域的率先尝试。VR 作为创建以及虚拟现实世界的一种计算机仿真系统。在该计算机仿真系统中，通过多种符号的整合积累，形成了一种呈现立体交互形式的三维的动态视频系统。在这个自媒体时代，大家对媒介的依赖性越来越强，VR 技术不仅可以满足人们对媒介便携化的要求，还变得更加专业化。随着一些运动相机以及可穿戴设备等新技术的不断推广，以往的各种技术鸿沟逐渐被消除，VR 视频技术也被广泛应用在各种视频新闻领域，一些视频 App 的新闻形态也逐渐涌现出来，媒介之中也有了基于人机共生的一种智能化虚拟环境。在这个虚拟环境中，我们可以结合 VR 视频，并利用移动佩戴式设备来传播 VR 视频新闻，同时向受众传播全方位立体式的虚拟影像信息。这种立体形态视频与平面视角的视频有着很大区别，因为它的传播过程是以沉浸式的形式来进行立体呈现的，所以能产生一种深度而又立体的画面感；它的传播理念建立在以受众的体验为核心的基础上，由听觉感官和视觉符号等共同组成一种三维仿真系统，能让受众在观看 VR 视频新闻时有身临其境的感受，从而构建出有别于网络媒体及传统媒体的"沉浸式传播模式"。

二、5G+VR 汉语言文化多维式传播模式的构建

VR 视频新闻的多维传播模式的构建，既实现了新闻内容的动态化的个人定制，同时又对视频新闻的传播视角和传播过程产生了一定的积极影响。

第一，新闻内容实现了动态化的个人定制。"沉浸式传播是以人为中心，连接了多种媒介形态的实时传播模式，是一个专注于受众个体的动态定制传播过程。"而在 VR 技术所营造出来的沉浸式传播环境中，受众能够通过视觉形态

来获得最为直观的视频新闻形式，并在 VR 设备和受众之间建立起一种机器和体验者身体之间互动交流的和谐关系。同时，视频新闻也为社会个体呈现出本原状态，为体验者们带去一种所见即所得的视觉体验。除此之外，受众在接受相应的新闻信息时，身体的运动方式和他们在现实生活场景中的状态也是基本上一致的，会产生相关的肢体动作，从而使人机交流回归本原状态。因此，沉浸式传播模式能让受众专注于新闻内容本身，而新闻内容本身也能根据受众的自身感受来进行动态定制。

第二，在传播过程中实现了自我交流和人机交流。VR 视频是一个在人机界面当中对新闻信息加以传播的十分重要的系统，同时也是在信息传播过程中产生沉浸感的首要因素。由于沉浸式的传播方式可以让受众完全专注于 VR 视频之中，因此，他们在观看 VR 视频新闻时，也会像在观看电视或者电影时通过凝视画面体会到视觉快感一样，把视线聚集于 VR 的影像当中，并让自己的心灵和身体一同融入 VR 技术所展现的全方位立体情境里面，这就和我们生活中照镜子的感觉一样，通过在镜子中观看到的视频产生快感和兴奋感，进而实现人机的交流。受众在观看新闻时，尤其是观看到和自己的切身体验类似的视频新闻时，会和其他的感官一起联动，搭配肢体的互动形式，产生一种和真实世界一般难以分辨真假的身心体验，并产生强烈的沉浸感，进而实现自我交流。因此，在 VR 所提供的模拟场景当中，受众能够同时进行自我交流和人机交流，且这种交流比其他传播形态的各种视频符号效果要更胜一筹。

第三，从传播视角上实现了立体式 360° 全景传播。VR 视频新闻中所呈现出的全景视角，能使受众产生一种置身于三维现实场景中的感受，同时也加深了他们所见即所得的视觉感，为其带来强烈的包围感。例如南京日报南报网所制作的飞越新南京系列视频新闻就采用了 VR 技术，让受众随着全景镜头的拍摄从空中领略南京的城市新风貌。在这一新闻取得成功后，南报网于 2017 年 1 月 9 日再次采用 VR 技术，对当时在钟山宾馆所举行的会议进行了 VR 直播。受众可以跟随镜头进入会场，沉浸式地观看两会的盛况。随着大家对于尖端沉浸式技术的广泛结合和运用，为受众带来的包围感也会随之越来越全面、越来越完整，同时，这种感受不光体现在视觉上，还会突出表现在其他的感官上和受众心里的感受上。VR 视频新闻给我们带来了更加丰富的画面呈现和细节表现，为大家提供更具有 360° 立体式及包围感的媒介体验，从而实现 VR 视频新闻立体式的 360° 全景传播。

三、5G+VR 沉浸式阅读/出版传播模式

VR 视频新闻能将视频新闻和计算机视频技术进行有机融合，从而构建出和自然环境类似的一种沉浸式传播模式，它的传播符号、传播理念、传播形态以及传播方式也都有了变化。

第一，其传播理念主要是"内容为王"及以"受众体验为核心"二者的融合。对于不同的媒介而言，其传播理念也有所不同，作用于人的方式也有区别，其给受众带来的感受也不相同。在传统媒介"内容为王"的传播理念下，这些传播者会更多地去关注新闻的内容本身，并以生产出让受众所感兴趣的一些新闻内容作为主要出发点。然而 VR 技术既加快了新闻的传播速度，又将这些媒介技术带到了一个崭新的媒介拟态环境中，并更多地强调受众的这种沉浸式感受和体验，因此，VR 新闻不再只关注新闻的内容本身，而是更多地去关注受众自身的在场体验，并让拟态环境下这种新闻传播的理念产生变化，将"以受众体验为核心"和"内容为王"两者进行有机融合。

第二，结合传播符号塑造出由视觉符号和听觉符号一起构筑成的三维场景。皮尔士从反应的层面上对符号进行定义，他把传播符号划分为相对于空间而言的视觉符号和相对于时间而言的听觉符号。符号是信息传达中最基本的要素，在 VR 新闻传播中，同样包括了视觉符号和听觉符号这两个要素，而这两种符号也分别将视觉和听觉作为主要的信息载体。总的来说，听觉符号是在 VR 的屏幕上对人物进行表情达意的手段，我们所看到的 VR 画面中所包括的听觉符号主要有独白、旁白、对白、配音、解说这几种表现形式。而在 VR 镜头中的视觉符号则主要包括色彩、场景布局、形体等直接对人的视觉感官形成刺激、不以有声的语言符号作为载体，并能使人产生不同视觉感受的具象符号。电视视频和新闻节目中虽然也同样包括了听觉符号和视觉符号，但是它所呈现的主要是二维平面的视频效果，而 VR 技术则能让听觉符号和视觉符号一起展现出一种三维的立体空间效果，这也比平面视频能更准确和更客观地对现场场景加以重现。同时，VR 视频新闻也会以刺激而又直观的视觉场面来承载以及体现出三维场景，因而具有直观性和外在性的新闻传播特点，能给人留下非常深刻的印象。

第三，传播形态结合"符号交流"和"在场交流"的形式，并通过自媒体和网络媒体对传统媒体进行拓展。以图像、文字、音视频符号等进行互动交流的形

式,让受众更多地加入对视频新闻的互动中来,因此在一定程度上实现了大家的在场交流。VR 技术通过建立在传统视频的基础上,利用可穿戴设备来实现立体的 360°视觉显示,而这种视觉显示和其他普通视频的区别在于其平面的视角是不同的,其能利用受众双眼的视差产生纵深的、立体的画面感以及强烈的包围感,从而让受众加强身临其境、在场交流的现实场景感受。"互联网具有显著的自组织特性,它会在看起来混沌的、无序的系统中表现出某种有序化状态,而这种有序化常常来源于互动和重复行为的远离平衡态,因此它是带有高效率反馈机制的自我创制过程。"正是因为这个原因,VR 新闻所呈现的一些现场场景的感受,都是集视觉、听觉等感官的体验于一体的,也是一种基于网络媒体和传统媒体相结合的新型交流形态,它将现场交流和符号交流这两种传播形态进行了有机融合。

第四,在传播方式上,沉浸式传播模式的诞生丰富了传播效果。随着自媒体技术的不断发展和移动互联网的广泛运用,由物联网和互联网所共同构建而成的泛在网正式诞生,与此同时,虚拟的网络也与现实中的真实场景相互交融,其传播模式逐渐从过去的单向传播形式向互动的传播形式进行转变。VR技术、可穿戴设备、数据可视化等新的技术形式走入新闻传播领域,改变了以传统媒体报道为主的单向传播方式,也颠覆和更新了网络的互动模式。VR 技术的运用也为传播视频新闻提供了与过往完全不同的传播语境,在这种语境下,过去几乎所有的传播模式都被融入其中,从而产生了全新的传播形式,即沉浸式传播模式。基于这种全新的传播模式,受众观看视频新闻时的场景和受众所在的位置虽然不一致,但却因 VR 设备而使受众的身体与其建立了一种非常密切的感应关系,而这种感应关系也使受众可以从观看视频新闻的脑力活动变成沉浸式去感受视频新闻的身心体验。

3.3 基于 5G+VR 技术的汉语言文化传播路径的实践情况

3.3.1 5G+VR 沉浸式文旅

VR 技术植入文旅产业，沉浸式的体验助力传统文旅产业的升级，从而满足了人们在数字经济时期的体验需求。VR 主题乐园、沉浸式主题体验项目在文旅景区、商业街、游乐公园中应运而生。

3.3.1.1 VR 主题乐园

VR 主题乐园采用了 VR 技术、三维建模技术、多媒体技术来进行全新打造，把趣味游戏、太空漫游、海洋探索、极限运动来进行系统化的真实还原，通过 VR 技术来模拟真实的临场感受，从而让游客在虚拟的环境中感受到令人震撼的视觉冲击。该技术的运用可以满足在户外条件受限情形下的多种类型的极限运动需求。在游客体验紧张刺激的极限运动内容的同时，又保证了体验者的安全，完美地排除了极限运动带来的安全隐患。该技术高度模拟运动时的动感平台、颠簸起伏，以及拐弯、旋转、高速俯冲、爬升、倾斜等一系列高难度、高速度、刺激危险的动作，是自由度的平台仿真体验、360°全景沉浸式的体验。结合虚拟的现实头戴式的显示器以及 VR 周边的一些硬件设备，游客们能够在虚拟的环境中感受到让人震撼的视觉冲击感受。例如，体验者可在虚拟的场景中感受太空遨游、海洋探索、高空跳伞、空中过山车、城市探险、恶魔电梯、海底探险、外星球跳伞、生化僵尸、疯狂大摆锤、旋转木马、跳楼机等 91 套游乐项目，体验无与伦比的视觉盛宴和感官刺激。

3.3.1.2 AR 导览系统

景区的 AR 导览系统结合了图片智能识别技术、增强现实技术、语音识别技术、景深视觉定位技术等一系列高新技术。

AR 导览系统提供给景区或者游乐区游览沙盘,将景区的场景体验前置,游客可以通过沙盘来了解景区的所有布置和全貌。系统内置还提供语音识别技术,游客可以通过语音来说出某个景点,这时系统就会给出最好的游览路线,并利用增强现实的技术、景深视觉定位的技术来提供导航服务,并对景点进行讲解。AR 导览系统还具有古迹复原功能,在系统识别场景后,展现真实的人文历史景观,从而让历史不再隔着一层面纱。该系统还内置了多种线下互动功能,比如 AR 合拍、人脸特效、AR 小游戏等。

3.3.2 5G+VR 云展览

截至 2019 年 6 月,我国的网络游戏用户规模已经达到 4.9 亿,占我国网民总数的 57.8%,而手机网络游戏用户的规模已经达到 4.7 亿,占手机用户的 55.2%。VR 云游戏能有效地降低用户的消费门槛,为用户带来非常好的游戏体验,潜在市场规模非常大,但对网络延时的要求很高,交互体验的保障难度也很大。同时在云端异步的渲染技术下,网络延时必须要控制在 18 ms 以内,这样才能基本保障 VR 云游戏用户的交互体验感。基于 5G 的 VR 云传输方案,图像的渲染能在云端进行,网络整体的延时包括运营商的内网与外网的延时,受传输节点和传输距离的影响很大,延时难以保障。在 5G SA 的组网下,MEC有多种部署的方案,可根据用户需求下沉到能够更靠近用户的位置上,来减小传输的距离,从而降低传输延时。根据 5G MEC 的解决方案,在 MEC 上实现图像的渲染,传输距离短,整体延时小,可以为 VR 云游戏用户提供极致的游戏体验。在内容方面,受研发周期与投入成本的影响,目前 VR 游戏主要以休闲游戏与射击类游戏为主,类型单一,难以推进 VR 游戏用户规模的增加。由此可见,根据 5G MEC 提供更多成熟的解决方案,发展多种游戏类型,才能推进现有的游戏体验者们大规模地向 VR 云游戏转移,促进 VR 云游戏体验者的大规模增长。

一、5G+VR 的云应用情景教育视频教学

5G+VR 云应用情景教育视频教学的应用,体验易保障,发展快,内容开发难度低。VR 在教育领域的运用主要涉及 K12 教育职业和及高等教育这两个细分领域，其中 VR 在 K12 教育中的运用重点是视频的教学类场景，这属于弱交互的 VR，在高等教育/职业教育中的应用既包括实操类的强交互的 VR 应用，又包括视频教学类的应用。目前，VR 技术在教育中的应用，正以建立专用的 VR 教室的模式在我国各院校中进行推广。2018 年，我国小初高学校总共有 22.8 万余所，根据每 40 人一间专用 VR 教室来配置，能够预测该市场量将达到 912 万的体验者规模。2018 年，我国高等学校及职业学校有 1.3 万所，根据每 100 人一间 VR 实验室来配置，预测该市场将达到 130 万的体验者规模。在内容方面，K12 教育的 VR 课件开发难度低，因此，在教育运用场景中，在 K12 职业教育及高等教育中，视频直播教学这些视频教学类的应用情景的体验容易得到保障，并且内容发展速度快，开发难度低。

二、VR 在线展厅的重点优势

首先，与传统的视频、图片形式相比较，在线展厅的优势之一就是能提供互动式、沉浸式的浏览体验，能够让参观者足不出户就可以体验到最真实的感受。网上展厅的重点功能是向参观者展现企业文化和产品，并将全部空间进行准确整合，因为合适的空间区分是网上展厅的重要组成部分之一。网上的企业展厅通过合适的规划能够充分利用全部空间，同时还可以充分展示企业文化和产品功能。

其次，随着虚拟真实全景技术在互联网上逐渐发展，计算机技术的类型越来越多。VR 采用的是三维虚拟技术，采用交互的方式来展示 VR 的全景图。参观者可在虚拟的现实中与 VR 进行全景互动，了解产品内容和品牌魅力，深刻感受物联网的技术成长。

最后，随着 VR 技术的不断发展，很多企业的宣传形式会放弃一般展厅的形式。之前的宣传形式多选择 3D 动画技术，虽然 3D 动画技术能够间接表达出效果，但依旧缺乏很多互动体验和现实感受。VR 运用三维虚拟技术，360°呈现现实场景和产品，参观者通过 720°的全景技术，从而对企业文化和企业产品有更简单的了解方式，这将会给参观者留下更深刻的印象。VR 在线展厅主要是 360°全景展示，场景感强，随处都能够看到细节。

3.3.3　5G+VR 对外汉语教学

计算机的传统语言教学与多媒体技术辅助语言教学相比，拥有明显的优势。首先，计算机能够通过音频、视频、图片等多种方式来展现教学内容，能给学习者带来多种感官的体验感，从而提高课堂的趣味性，激发学习者的学习兴趣。其次，计算机的多媒体技术能使教学过程更加生动具体，在一定程度上降低了学习的难度，减少了学生的学习压力。VR 技术作为新一代计算机技术，与之前的传统多媒体技术相比较，能够给学生创建一个三维的虚拟环境。在开展文化教学当中会遇到的很多种情况都可以运用 VR 技术，比如，解释某个成语时，依据成语的历史来源，利用 VR 技术制作一个三维立体动画，让学生戴上 VR 设备，"亲自"体验该成语的来源，这样能使学生对成语有更为深刻的印象，不但能更好地了解成语的意思，还能对成语背后蕴藏的文化有一定了解。或者课文中提到某一个历史文化遗迹时，出于对金钱和时间成本的考虑，教师不能带领学习者进行实地参观，在传统课堂上，教师一般会播放或展示相关图片或视频，这样能让学生对其有大概的了解。假如播放的是 360°全景视频，学生戴上 VR 眼镜沉浸于 VR 技术带来的代入感和沉浸感，身临其境地浏览历史文化遗迹，在硬件设备充足的条件下，学生还能够"触碰"到故宫的老城墙，感受其六百多年的历史。VR 技术为传统语言教学提供了全新的教学方法和途径，但这并非适合每一个教学环节。因此，在教学中，老师应该根据课程的特点和教学目标来选择适合的教学方式，适当地运用 VR 技术，避免为追求科技方面的高精尖而盲目使用 VR 技术。

3.3.3.1　VR 技术应用于对外汉语教学的具体环节

一、导入环节

可以在课堂导入环节中使用 VR。比如一篇文本里可能会提到某一个景点或地点，老师就可以通过介绍该地方来激发学生的学习兴趣。VR 作为一种比较新颖的多媒体方式，与平面资源相比，更易引起学生的注意。

二、文化介绍环节

可以在专门的文化课上使用 VR 技术。比如介绍我国的传统节日——春节，为了能够在课堂上营造出中国人过年时的氛围，让学生体验春节的习俗，老师可以通过 VR 设备，让学生进入虚拟的环境当中，让他们和中国人一起在中国"过春节"，特别是身在海外的一些汉语学习者，可以不在中国也能体验中国的传统节日。当前的 VR 技术已经能使体验者感受到听觉、视觉以及触觉，在人工智能的帮助下，体验者在虚拟环境中不仅能够与场景里的人进行交流，还能"亲自"包饺子"吃年夜饭"。VR 技术使文化知识更加具体化和立体化。

三、文化拓展环节

可以在课后的一些知识拓展环节当中使用 VR 技术。在这个环节中，一般都是凭借学生的个人兴趣，例如学生对某些文化知识特别感兴趣，他们就会去查找更多相关资料，继续深入了解。如果该文化的相关信息能在 VR 技术中得以呈现，老师就可以用一些相关的 VR 资源来引导和吸引学生。

由此我们可以看出，VR 技术能将语言学习者带到一个虚拟的空间中，使其沉浸其中，甚至还能与虚拟的环境进行交互，这样就能增加学生对中国汉语、文化的学习兴趣。特别是一些身在海外的汉语学习者，他们不能亲自到中国来感受中国的传统文化，VR 技术就可以给他们提供一个与中国文化"亲密接触"的机会。VR 技术还能改善线上教学的一些交互性不足的缺点，增强课堂中的沉浸感，让学生隔着屏幕也可以感受到课堂中的氛围。

3.3.3.2 VR 技术应用于对外汉语教学面临的挑战

一、技术挑战

VR 技术应用于对外汉语教学的挑战，在技术方面主要体现在以下方面。

（1）分辨率不高。有研究表明，虚拟现实的分辨率至少要达到 4K 甚至更高画质，而当前大多数 VR 头显所能提供的分辨率远远不够，这在一定程度上影响了沉浸式体验的实现。

（2）不能无线连接。Oculus Rift 和 HTC VIVE 等虚拟现实头显需要连接电脑端的 HDMI 接口。尽管三星 Gear VR 设备不存在这样的问题，但也需要专门的用于虚拟现实技术的三星手机的支持。虚拟现实技术要在未来得到普及，就必须实现无线连接，且不需要额外的电脑硬件作为动力支持。

（3）缺乏视觉或触觉反馈。当用户戴上虚拟现实头显后，便无法觉察现实世界周围发生的事情，因此 VR 技术需要添加视觉或触觉反馈等提醒用户现实世界中发生的事。

（4）健康问题。研究显示，长期使用 VR 头显会产生一系列健康问题，如晕动症、疲劳和恶心等。

（5）教育资源设计和开发技术门槛高。学科教师很难像设计和开发课件那样设计和开发虚拟现实资源。虽然公司有专业的虚拟现实资源设计和开发团队，但其资源质量的高低很大程度取决于公司设计和开发人员对教学内容和教学方法的理解和把握。VR 技术需要改进其高难度的资源开发和设计技术，方便普通教师按照自己的需求设计相关资源。

二、教学法挑战

（1）认知负荷控制。在虚拟环境下活动，学生有时难以把注意力集中在学习活动上，虚拟世界过多的功能和丰富的模拟场景会干扰学习者对重要内容的注意力。虚拟现实为了创造沉浸性体验往往采用多元信息传送方式，例如声音、图像、文字甚至力感等信息。多渠道的信息传递、丰富的刺激容易提高单位时间内工作记忆的认知负荷，造成认知负荷超载。因此，沉浸性虚拟现实空间环境的构建、学习材料的呈现和组织应参考认知负荷理论的相关原则，设计时避免冗余效应、分散注意效应等。

（2）有效的学习监控和评估工具的开发和使用。在虚拟环境中学习，教师较难监控教育过程的开展，难以辨别学生在虚拟世界中究竟是在玩还是在学习。教师可以通过虚拟化身的肢体语言观察学生的表现，但相较于传统课堂教学，虚拟世界下的行为表达不容易被识别，也可能不够真实，这在客观上要求针对虚拟环境下的学生学习行为和过程，开发有效的监控和评估工具，以帮助教师了解学生的学习表现，并适时提供引导和干预。然而，当前面临的挑战是，尽管虚拟现实学习系统可以记录学生的学习过程数据，但对于如何利用这些数据有效监控学习行为、评价学习结果，还没有成熟的解决方案。

（3）对虚拟身份与真实身份交互作用的认识。虚拟世界的身份表征通过虚拟化身实现，虚拟化身的行为可能与真实环境下用户的行为不同。在传统教室环境下，教师通常能根据长期积累的经验判断学生的行为模式和行为习惯，并根据这种判断选择合适的教学方法和教学手段。在虚拟学习环境中，学习者都有虚拟化身，其学习行为也可能会表现出新的规律，这就要求教师对此进行探究，掌握虚拟环境下的社会互动的行为特点，同时研究学生虚拟化身和真实身份的交互作用，比如学习者倾向于选择具有哪种外貌特点的虚拟化身，学习者对他人虚拟化身的反应是否影响与其表征的真实人物的互动，虚拟人物的外表会怎样影响其对所传达信息的感知等。VR 技术作为一种新型技术，在教育领域的运用还处于初级阶段。各个行业都在积极探索如何利用虚拟现实技术帮助实现自身的实质性转变，"VR + 教育"也是其中之一。"VR + 教育"不仅强调产业领域为教育提供相关的装备、终端、应用系统、平台及内容的研发，更强调如何做好 VR 技术与 STEM 教育、创客教育、创业教育、教师培训等实践需求的对接。

虚拟现实教育应用的本质不在于增加新的教学工具，而在于引入新的教学方式和教学文化，这是 VR 技术教育应用的重点和难点。对外汉语教师可以与 VR 技术人员携手合作，前者根据对外汉语文化教学当中涉及的一些文化知识点选择及以编写脚本，通过虚拟现实技术制作运用于对外汉语教学的 VR 资源，后者则负责技术。但在制作和编写时，不仅要对汉语言文化进行介绍，还要包括当代观念和传统文化，以及同时反映古代和当代情况的一些观点。同时，还要联合对外汉语文化教学的特色，考虑汉语学习者的文化背景，不仅要避免文化上的冲突，还要培养学习者的跨文化交际能力。随着技术的不断发展完善及其与教育理论的深度融合，虚拟现实在教育领域正发挥着越来越重要的作用。

3.3.3.3 ADDIE 模型

开发汉语言文化资源是项非常困难的工作，需要花费大量的时间及精力，而它本身又是科学及艺术的结合，所以在对汉语言文化资源进行开发时，除了需要艺术创造力和工匠精神，还需要结合科学的方法及流程对其精雕细刻。因为艺术方面很难被复制，所以对汉语言文化资源的开发研究大多集中在课程学习的科学模型上，其主要目标是将课程开发的方法和科学流程沉淀下来。各种历史经验证明，对课程开发模型的优化能够最大程度简化课程的开发过程，从而减少人力和物力的浪费，极大地提升课程开发效率。

一、系统性汉语言文化资源开发阶段——ADDIE 模型

经过将近70年的发展,目前为止课程开发模型中最经典的就是 ADDIE 模型。对该课程开发模型的研究最早是在第二次世界大战期间,到 20 世纪六七十年代进入蓬勃发展时期,20 世纪 80 年代后期慢慢步入成熟稳定期。1961—1965 年密西根州立大学的巴森博士提出了"巴森模型",这是早期系统性课程开发设计模型中最经典的模型之一。在 1975 年,美国佛罗里达州立大学的两位教授通过教学设计大师的帮助,为美国陆军设计了一套课程开发模型,其中包括分析、设计、开发、实施、评估五大要素,共分为 19 个步骤(见图 3.3),被称为 ADDIE 模型。

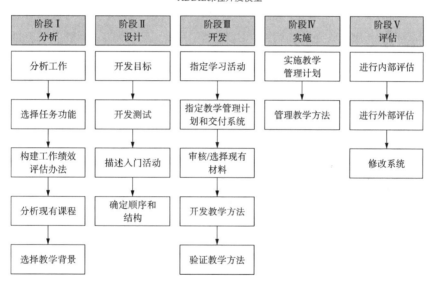

图 3.3 ADDIE 课程开发模型步骤图

其他模型相比,ADDIE 模型主要具有以下优点。

第一,系统性。ADDIE 模型主要是提供给培训相关需求、设计及开发培训内容、实施及评估培训效果的一套系统化流程,它最大的特点就是将这五个主要步骤进行综合考虑,避免培训时的片面性。

第二,针对性。针对培训的需求进行设计及开发培训项目,能够避免培训的盲目性,且通过需求来分析,可以满足组织的发展需求及员工的个性化需求。

第三，保障性。即通过各个环节及时有效地评估，以保障课程的开发质量。

正是基于以上优点，ADDIE 模型从诞生开始就在美国陆军处获得了极大的成功，后来很快被美国的空军和海军采用。美军首先在企业和高等教育方面成功使用 ADDIE 模型，产生了巨大影响。正是基于 ADDIE 模型，美国的企业和大学衍生出上百种模型，而这些也被统称为系统性的课程开发模型，又叫 ISD 模型。

二、设计基于 ADDIE 模型的汉语言文化学习平台的必要性

汉语言文化学习平台中的信息化建设常常被产品本身具有的应用功能限制了其业务的有效执行性，在简化执行的过程中又丢失和忽略了许多过程数据。为实现其商业目的而搭建的管理培训流程，其具体实施过程中的大量资料都是非常珍贵的，例如在 ADDIE 模型中的分析、设计及开发阶段，很多平台的设计几乎都没有过程数据的留痕及版本管理，有些数据资料过于分散，这对后续课程体系的逐步健全是极不方便的。而在 ADDIE 模型上进行的汉语言文化学习平台设计，其中的每个过程都在线上进行，其数据的来源、去向及目的都是在平台上进行收集、处理及制作后才建立数据之间的逻辑关系的。无论从哪个角度来判断，它都是一个具有很强的逻辑性和系统性的模型，无企业耗费更多的开发周期来按照这个流程开发出经得起反复推敲的优秀课程，员工也可以在其学习过程中学到更具目的性和严谨性的汉语言文化内容。

三、ADDIE 模型在汉语言文化学习平台中的应用

ADDIE 模型体现出了汉语言文化教学设计理论模型的内核和特征，它可以分为五个部分：分析、设计、开发、实施和评估。分析主要是对汉语言文化教学内容、汉语言文化学习内容和汉语言文化学习者的特征来进行分析；设计主要是对汉语言文化学习资源、汉语言文化学习情景、汉语言文化认知工具、汉语言文化自主学习策略、管理和服务等进行设计；开发主要是根据汉语言文化的设计内容进行相关课程的开发；实施主要是根据汉语言文化相关课程开发的成果来进行教学；评估则主要是对汉语言文化开发的课程加以评估后形成评估报告。这五个部分之间既相互影响又相互关联，其最大的特点是能够适时进入到评估的阶段，还能及时从评估走向其他阶段。总的来说，分析和设计是两个

大的前提，开发和实施是两个核心，评估则是最终的保障，这五个过程可以总结为汉语言文化学习目标的制定、汉语言文化学习策略的运用、汉语言文化学习评价的实施。这一平台通过对汉语言文化教学设计项目的设定，来对这五个过程进行关联，主要的过程结果就是进行线上的审核。

（1）分析。分析阶段就如同对有汉语言文化学习需求的受众进行调查和分析，一个成功的汉语言文化课程开发不能只是依靠老师的猜测或臆想对课程内容的编写进行分析，而是要做到需求源自受众，结合理论进行分析。汉语言文化学习平台应当先结合学习培训的调查需求对问题进行收集，还有一些教学设计师会通过平台的需求总结模块对汉语言文化学习者的需求及问题进行结构化编排，再由对应的管理角色及教师代表角色来评审调查总结。通过对线上培训需求的调查结果进行信息反馈，讲师或培训教师能够实时对监控进行反馈，在有必要的情况下及时修改调查内容。再通统计与对汉语言文化学习培训需求相关的分析数据，有效获得汉语言文化学习培训需求的结果反馈，并对汉语言文化学习需求进行汇总、归类，自动对比所生成的结果，通过需求的分析管理，对调查的反馈结果加以精准诊断，最终制定或调整能和需求相匹配的课程。

（2）设计。与调查结论相结合，通过汉语言文化教学设计模块构建出结构化的课程大纲，设定汉语言文化教学目标以及课程弥补点，完善汉语言文化教学策略，标记重要知识点，制定汉语言文化教学场景和课程的体验形式，预测汉语言文化线下活动，定义汉语言文化学习评估策略，编制课前、课中及课后的检测范围。通过这一系列的汉语言文化课程活动设计完成汉语言学习课程整体的教学内容设计并由相关教师对应用维度及管理维度的各项活动进行评审。结合汉语言文化学习平台能支撑的功能，在对汉语言文化课程进行规划设计时，可以为平台设计汉语言文化课程的管理模块，将课程教学资源统一建设在汉语言教学资源库的基础上，再针对汉语言文化课程、讲义、教材、参考资料、案例、课件等教学资源，用统一的汉语言文化教学资源分级管理形式，对汉语言文化教学资源进行统一管理，从而完善汉语言文化资源的审核、上传、发布和共享，实现汉语言文化教学案例及个例的储存模型定义和上传及管理功能，并为汉语言文化学习平台设计测评服务、学习地图、证书体系、知识点汇总、评价体系、社区体系，将其纳入汉语言文化课程设计中，丰富汉语言文化课程活动。除了线上的教学形式外，其他的汉语言文化课程需要通过线下活动的形式进行实践、讨论、模拟演练，再通过活动服务拓展汉语言文化课程体系，最终形成一个完整的混合式汉语言文化教学设计。

(3)开发。开发阶段主要是由汉语言文化教学设计师、汉语言文化学习者、教师共同完成资料和案例的收集和上传，然后形成汉语言文化课程资料库及共享资料库。汉语言文化教学设计师可以从资源库及知识库中调用各类音视频、测评资料、图文、知识点剖析、概念分析、案例引用等支撑材料来进行汉语言文化教学设计以及汉语言文化线下活动方案制定，并在线上模块的基础上进行版本管理，再由设计人员和开发人员来进行系统外的多媒体课件制作、汉语言文化 PPT 编写以及其他辅助材料的编码、设计及开发，对汉语言文化教学设计内容及开发成果应分别进行管理评审。这个过程将充分运用汉语言文化学习平台的教学内容管理体系，并整合汉语言文化教学资料库，将设计阶段所规划的结构化课程教学大纲加以开发封装，再利用汉语言文化学习课程打包管理使课程形成能够在线学习、在线观看以及在线模拟操作的课件形态。

(4)实施。汉语言文化学习培训的过程实施主要设定在汉语言文化学习者身上，通过汉语言文化设计及开发阶段所设定的课程结构以及课程活动，汉语言文化教学设计师或授课教师需要先进行自评自审，再通过课前准备、课时学习、过程衔接等各个方面的查漏补缺，保证汉语言文化课程设计及内容方面的严谨性后才可发布该课程。汉语言文化学习者能够在学习平台上进行无序或是有序的学习，且平台上也设计了针对个人学习的计划定制功能，能为不同的汉语言文化学习者提供个性化的学习方式，通过为学习人员定制特定的学习计划、追踪学生学习记录以及建立学生信息库等，形成全方位、丰富多样、个性化的学习培训方案，并做到按需推送相关学习资源，为学生搭建完整的学习计划，全程跟踪及记录学生的学习活动信息。学生信息库功能主要用于混合式学习、组织网上学习以及学生自主学习记录数据的统一入库，并将学生的网上学习记录、教育培训经历等记载到档案库之中。汉语言文化学习平台可以引入直播服务和点播服务，可以构建基于网络的音视频直播系统，并搭建一间面授教室，在其中配置好相关的音视频设备，在专用的机房中可以部署分布式的服务器，并搭建好相应的机房环境，这样能支持多个不同的教学点从而进行实时互动教学。学生在参加特定的内容和场景培训时，可以基于笔记管理及标注自己的知识点笔记，并按照日程表的管理参加线下活动，在活动完成后进行线上自评，对汉语言文化课程学习中遇到的问题能够随时在该平台的社区体系的学习小组里提问及参与讨论，对于与而案例相关的学习内容，也能够进行相互讨论或者发布新的案例来让大家交流讨论。

（5）评估。对汉语言文化学习进行的有效转化评估可以分为短期可见及阶段性可见两种类型，在完成汉语言文化课程学习之后，该学习平台就能自动或者通过人工介入给予学习者恰当的评定，而对于学生学习转化的效果评定则需要经过阶段性的观察和实践才能给出评定。汉语言文化学习平台能通过学生学习目标达成情况的评分表、教师对学生学习过程的评分表等，结合这几个层次的分析统计来对实施的效果进行总结，然后再次引入相关培训调查结果对整个过程进行问题的收集，从而更好地对课程的完善更新做出优化准备。

在评估阶段，汉语言文化学习平台可以利用突破传统形式的组卷考试来进行在线评估，也能利用汉语言学习平台为学生在学习过程中设计的学习活跃记录、活动签到、学习积分等模块，并通过能力评估、调查问卷、业务评估等活动对汉语言文化课程学习的相关指标数据进行收集和分析。首先，搭建一套面向汉语言文化学习者的积分体系，并将其作为调动和衡量网上学习积极性及效果的工具。通过网上学习情况以及学习人员信息库生成基础的积分数据，再根据积分规则来生成学习积分，然后定期公布积分排名。对扩展数据分析的学习平台实现开放式接入及灵活配置，并将积分数据准确完整地计入个人档案库中。其次，建立一套带有组织以及数据权限约束的统计分析系统，实现资源数据、员工数据、系统访问数据以及业务发展数据等的分类统计，再生成统计报表，并在系统内对其进行统计数据的采集、发布和汇总，为后期的决策分析提供详细、可靠、全面的数据依据。对学习者的访问时段、学习情况等数据记录加以挖掘及关联分析，为学习者提供具有针对性的服务依据。最后，建立一套能力素质的测评体系，实现导入汉语言文化学习能力要素形成学习能力模型、线上汉语言文化课程学习测评、测评指标设置、测评报告生成、测评结果分析等功能。

3.3.4 "5G+远程全息互动"

很多人认为 5G 带来的只是宽带的变化，但在具体实践中，5G 带来的更多的是管理上的革新和更多的行业数据，对于出版行业而言也是这样。5G 可以实现万物相互关联，通过 5G 的帮助，能统计出书房里阅读者的年龄、书房访问人数、阅读者男女比例等所有阅读数据,从而帮助我们更好地实现渠道的规划。它在阅读应用场景上拥有了更加丰富的展现形态。"5G+远程全息互动"、5G+VR 沉浸式阅读、"5G+4K"远程教学等,全都让读者们看到 5G 和阅读融合过程中迸发出的火花。透过这种低时延、高带宽的 5G 网络,就能把中国的作家带到世界的各个地方去。利用 5G"万物智联"的重要特征,文化的数字领域会迎来新变革。

"万物互联"终将会让阅读变得没有界限,未来会是一个"人书互动、万书互联、人人阅读、纸电融合"的全新时代,阅读会变得无处不在。出版行业必须满足全新数字时代的阅读需求,借助以增强现实、全息影像、混合现实、虚拟现实等为代表的一些技术来拓展文字书本之外的内容资源,创造更加立体和丰富的内容,以此来满足阅读者全面的知识获取需求。

"5G+远程全息互动"课程依托 5G 打造以全息技术为基础的智慧教室,用于学校连线各地名师教学,满足多方师生同时参与互动教学的需要,从而提升教学质量,提高学习体验,解决区域教育不均衡、课堂枯燥的难题,主要服务于中小学校双师互动教学、高等院校全息思政课、培训机构跨地区名师培训等。全息互动课堂利用 5G 高带宽、低延时的特点,通过全息与虚拟技术的叠加,将教师输送到远端,给学生带来良好的临场感。它还原度高,延时低,稳定性高,互动多,可以实现实时一对一、一对多、多对多全息通话,满足多地互动的需求,而且操作非常简单。

3.3.5 5G+VR 远程教学

虚拟现实应用在远程教育中,能够丰富远程教学途径,调动学习者积极性,提高教学质量。VR 技术的远程教学将传统的单向教学转换为沉浸式体验和认知交互模式,学生被带到宏观或微观的虚拟世界中,身临其境地探究、观察,学习的主动性得以增强,好奇心和兴趣被极大激发。VR 还能将抽象和结构复杂的形象展示出来,从而解决学生在家里上课时自制力差的问题,同时也能很好地帮助学生更好地理解知识。它在远程教育中的应用前景非常良好,大致可以归纳为以下几个方面。

(1)辅助知识传授。对于某些用文字描述或者口头阐述仍然无法表述清楚的教学内容，就需要借助 VR 技术进行知识构建展示。例如，原子核裂变过程的讲授，由于这个知识点本身比较复杂，加上学习者无法亲身体会，光靠文字资料和讲授，学习者理解起来还是比较困难，但通过虚拟这个过程，学习者对这个知识的吸收就会非常快。以此为鉴，一些复杂的物理化学现象，地理学科中的地貌介绍，或者医学教学中的器官工作原理等知识内容的介绍，都可以通过 VR 技术 模拟原貌或原过程来辅助教学，从而提高教学质量。

（2）实现远程虚拟实验教学。实验操作培训是学科教学中必不可少的内容，但往往受地域和技术限制，实验教学这一块一直是远程教育的空白。如今，借助 VR 技术，这项空白有望被填补。虚拟实验室的构建就是实现远程虚拟实验教学的一个重要发展方向。通过利用 VR 技术构建开放式虚拟实验教学系统，将现实世界的实验室通过三维图形技术生成逼真的虚拟实验室，学习者可以在其中自主进行实验操作和实验设计。目前运用较为广泛的有地理虚拟实验室、物理实验室、化学实验室和生物实验室等，学习者可以不受时间、空间的限制，自由地在"虚拟实验室"里进行实验。

（3）实现远程技能培训。事实上，VR 技术最初诞生的目的就是希望能对人们进行技能培训，只不过受技术限制，最早主要运用在高端行业上，像军事、航天等。如今，随着 VR 技术不断成熟，VR 技术的高沉浸性、情境性和交互性为学习者面对高难度、复杂、危险的技能训练提供了便利，如飞机驾驶技能、军事作战技能和机械维修技能等不同类型的技能培训。虚拟仿真培训能利用 VR 的核心技术生成实时的设施设备、零件以及虚拟环境，学习者通过运用某些设施设备和三维信息环境的刺激，来达到各种技能的训练和知识的学习。虚拟的技能训练具有自主性、安全性和超时空性等诸多优点。

（4）改善学习条件，丰富学习资源。利用 VR 技术进行实验教学，可以避免学习者在实际操作中的各种危险，例如，虚拟化学实验不仅可以让学习者在实验过程中免遭在化学反应过程中产生的有毒气体和爆炸的伤害，还能让学习者不受时空限制，随时随地进行实验观察。比如，学习者可以进入细胞的内部或登陆火星的表面进行观察，而不受空间限制。对于一些需要几年甚至上百年才能观察的变化过程，比如化石的形成，我们可以利用 VR 技术，在短时间内将化石的形成过程呈现给学习者观察，而不受时间限制。VR/AR 技术为广大学习者自主学习提供了丰富的学习资源、所需的知识内容和学习过程中提出的研究模型，激发了学习者的学习兴趣。

（5）优化学习环境，促进教育公平。教育技术专家认为，学习环境是对学习者的学习存在直接或间接影响的外在因素。在现代远程教育中，良好的学习环境是学习者能取得优异的学习成绩的重要因素。VR 技术在当代远程教育的学习环境中进行了全方位的渗透，使我们的学习环境得到优化，还使远程学习环境不再只是简单地提供教育信息内容，还为学习者提供了课后辅导、课后测试、过程评价等内容的虚拟支持。VR 技术支持的现代远程教学促使教育资源突破时间、地域的限制，实现了教育开放、共享，提升了教育公平性，提高了全民教育满意度，促进了全民学习的发展。

3.3.6　5G+VR 数字视听

每一次媒介技术的进步，都推动着社会文化传播、生活方式及经济发展的改变。信息升维是行业的必然。当向人们问起对视听产业的记忆，大多数人会想到音乐、影视。但是，随着近年来部分数字视听头部企业不断地发力，电商、教育、直播等多元领域也渐渐渗透进来。那么，视听产业的边界在哪里？英诺天使基金的合伙人王晟认为，从投资角度来看，数字视听产业与移动互联网、互联网以及现在的直播互联网、视频互联网本质上是一样的，它们都具有媒介的属性，但数字视听技术越来越视频化、越来越互联网化。

媒介的价值实际上非常简单，主要看信息的密度和效率。在宽带、5G 等底端基础设施的支持下，信息密度越高，媒介价值就越大。视频是目前拥有最大化价值的媒介，更大的还有 VR、AR，信息密度也会更高。这主要从两方面来分析：一是技术，技术的演进能够让人们接收信息的能力不断进化，也促使需求得到进一步发展，需求与技术正在"相辅相成"；二是内容，拓宽视听边界的主要方向是内容的多元化、垂直化。单从企业的角度来看，目前 4G 完全可以满足体验者看直播、电影、视频的需求，只有在电竞或其他游戏时会出现卡顿的情况。因此，市场需求的变化可能会促进装备和技术的进一步发展。

我们要关注视听技术变革带来的改变，而不是仅仅聚焦于内容。新视听技术改革趋势分为两大类：第一类是微距、微显；第二类是大屏显示，包括电视、投影等。综合 5G 通信的发展，视听技术也会对交互的方式产生根本性变革，涉及听觉、触觉、嗅觉、视觉等感官的技术，都将是颠覆性的改变。

VR 技术行业进入瓶颈期往往是因为内容。就新视听产业本身而言，应该以数字的内容为基础，通过数字技术来产生更普遍的外延，融入教育、军工、医疗等行业。在经历行业低谷后，伴随着 5G 技术上的突破、优质内容的推出，VR、AR 产业又重新充满活力。"VR、AR 要分开看。AR 有一定难度，行业整体使用 ToB 端口，在时间节点上也比 VR 要晚。"

技术驱动看内容平台的发展，内容同时也在推动着技术的演进。"在游戏领域，新一波 AR、VR 产业也正在受优质内容的驱动。例如，现在的电竞队员更多是考验手脑协调的能力。AR、VR 发展后，更新一代的游戏终端也许需要身体整体的配合，然而游戏电竞对人身体协调能力的要求与体育赛事的要求一样高，这便使得电竞行业向体育行业转型的机会很大。"

从技术上来看，VR 行业存在两个约束：一是延时大，有 90 毫秒的延时；二是分辨率不足，之前是 720P 甚至更低，观看时颗粒感强。一体机问世后，这些技术都将被攻破，整个 VR 市场将会呈爆发趋势。但是，VR 行业中最大的瓶颈就在于内容比较稀少，AR 公司才是真正的未来，虽然我们也投了 AR 公司，但还需要熬过相当长的时间。

寻找爆点——内容也能够"数字孪生"。硬件设备的开展需要内容的支撑，在未来，新数字视听的内容爆点会有哪些呢？就目前来看，最主要的呈现形式是"一长一短"的变化："一长"不再是长视频，目前长视频的商业承压很不容易得到改变；"一短"指的是短视频，这对消费者的碎片化时间造成了巨大的挤压和侵占，短视频的发展趋势是毋庸置疑的。除此之外，还有直播，包含娱乐直播、电商直播、游戏电竞直播等，这些全都是短期发力的方向。

在新数字试听行业，即将产生三个根本性的改变：一是全息化、3D 化，例如，线上演唱会能够从上下前后等不同方位观看歌手，所以可以买不同类型的票；二是数字的孪生，现实中的所有东西，在虚拟中均有对应物；三是虚拟的 IP，随着视听交互的方式发生改变，我们能够在网络世界里构建一个崭新的、类似于头号玩家的"世界"。

第四章

"一带一路"背景下基于"5G+VR"技术的汉语言文化资源开发与应用

随着中国国际地位的提升，汉语的推广和传播越发频繁，全球各地的"汉语热"现象持续升温，越来越多的人开始学习汉语，同时也举办了不少正式的汉语比赛，比如中共中央举办的"汉语桥"大赛，每年都吸引无数来自五湖四海的汉语学习者积极参加。学习汉语的热潮越来越高，随之而来的是汉语在国际上的教学也在各国迅速发展开来。除"孔子学院"外，越来越多的公办和非公办机构正在进行国际范围内汉语的教学和研究。不少国家的大学也开设了汉语学习专业，这不仅需要更多数量的国际汉语教师，也对国际汉语教师的教学技术和能力有了更高的要求。

同时，科学技术的不断进步和发展使当今的教学方式越来越多样化，"VR教育"作为将 VR 技术与教育信息化相结合的全新教学方式越来越多地得到了教育界的认同和青睐。2016 年被定为"VR 元年"，从此，VR 技术进入了大爆发时期。根据 VR 技术的特点和应用范围以及当前教育行业中亟待解决的教育信息化问题，VR 技术和教育的结合被认为是今后教育行业的发展趋势。从场景的搭建到日常的教学活动，VR 技术和教育有着完美的结合点。VR 技术在教育领域中的应用优点体现在时间、空间、教育资源及思维方式等方面,而这几个方面恰恰是在日常教育中比较重要的。在传统教育方式中,由于教学时间长、实验操作空间小、实验教学经费受限等,在教材及参照模型上只能做到尽量贴近真实。而将对外汉语教学与 VR 技术相结合,通过三维建模及场景搭建,可以为学习者提供逼真的教学模型,也可以让学习者体验到在真实世界中较难体验到的教学场景。VR 技术与对外汉语教学的结合可以更大限度地激发学习者的学习兴趣,为学习者提供更加丰富的教学体验。为了与时俱进地增强我国在世界各国的影响力,提升我国文化软实力,加强汉语言文化资源的开发和应用是关键。

4.1　基于 5G+VR 技术的汉语言文化资源开发的基本原则

中国是一个"文化资源的大国，同时又是文化产品的小国"。由于我国具有历史的悠久文化传统以及深厚的地域文化沉淀，各类文化资源都非常丰富，可谓数不胜数。根据有关数据记载，仅戏曲文化资源一项就包括 275 种，其中熟知度较高的就有京剧、沪剧、越剧、豫剧等 10 多种。此外，我国还有 35 项世界遗产，包括 38 项世界文化遗产、14 项世界自然遗产、4 项世界自然和文化双重遗产，位居世界第二，这些都是促进我国文化产业不断扩展的有利条件。对于汉语言文化资源来说，谁拥有它并不是最重要的，重要的是谁能将其开发衍生成文化产品及文化服务，谁才真正占据了它的主动权，才能真正拥有它。因此，要把汉语言文化资源转化为产业资源，首要的任务就是大力提升汉语言文化资源的发掘、利用、创新、再生能力。

一个国家的文化产业强大与否和这个国家所拥有的文化资源多少并没有太大关联，例如美国仅仅建国 200 多年，其历史可谓相当短暂，但它却是文化产业大国，它能对全球的文化资源进行广泛开发利用，并创造出无数个高利润的文化产品，例如来自埃及文化的电影《埃及王子》、取材于丹麦童话的电影《小美人鱼》、取材于中国文化的电影《功夫熊猫》《花木兰》等。从这些方面来对比中国和美国，中国是文化资源大国，却是文化产品小国，而美国是文化资源小国，却成了文化产品大国。从这两者之间的对比来看，究其原因，主要在于二者对文化资源的开发有着较大的差异。

汉语言文化资源的开发主要是为提升汉语言文化资源的使用率，并让汉语言文化生产得以顺利进行而采取的各项经济技术措施和活动。汉语言文化资源的开发，其实质就是尽可能去发现及利用各种不同类型的汉语言文化资源，并结合劳动加工，使其成为具有较高文化价值的产品形态。

汉语言文化资源的形态丰富多样，包括服饰文化、饮食文化、民俗文化、宗教文化、武术文化、节庆文化、红色文化等。目前，开发汉语言文化资源的

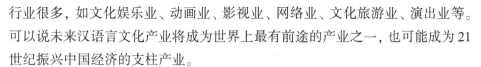

行业很多, 如文化娱乐业、动画业、影视业、网络业、文化旅游业、演出业等。可以说未来汉语言文化产业将成为世界上最有前途的产业之一, 也可能成为 21 世纪振兴中国经济的支柱产业。

对于汉语言文化资源的开发, 应当以可持续发展为总的指导性原则, 具体原则可以分为以下几个方面。

4.1.1 坚持开发利用和保护相结合

汉语言文化资源属于一种资源集合体, 在它的构成要素中, 既包含物态型资源, 又包含非物态型精神文化资源。其中, 非物态型的资源可以进行重复使用及更新发展, 例如和汉语言文化有关的历史传说, 能够被戏剧、影视和文学作品不断加以重复利用开发, 并运用不同的形式来演绎; 同一地域的历史文化典故也可以随着对其的不断深入研究, 加上不断发展的科技手段, 挖掘出新的文化内涵, 成为一个新的汉语言文化资源亮点。但是一些地区当中的物态文化资源大多都具有不可再生性, 例如历史遗迹、文化遗存、文献典故等。而一些非物态的汉语言文化资源虽然可以再生, 但也需要经过特殊的传承渠道及手段, 例如地方性绝活绝技、地方戏剧文化资源等。正是基于汉语言文化资源的这些特性, 我们在对汉语言文化资源进行文化产品开发时, 必须坚持开发、利用和保护相结合的原则, 这既是汉语言文化资源得以传承的客观需要, 又是实现其可持续发展的必然需要。

这些年以来, 汉语言文化资源遭受破坏的现象时有发生, 这主要源自两个方面的原因; 一是由人类过去不恰当的经济行为造成的, 例如在现代化和快速化的城市演变过程中的"建设性破坏", 例如中央电视台曾曝光的我国一批汉文化遗迹被推土机铲平事件; 1995 年是否应拆除北京鲁迅的八道湾故居所引起的争论; 在杭州西湖景区建造高层建筑; 在云南的石林景区建设大型水泥厂; 在北京周口店的猿人遗址建造煤窑和灰窑; 围绕是否要抢救、保护南越王宫署遗址产生长达两年的纠纷等, 均属于这一方面。二是在旅游业的快速发展下, 受众对于旅游的认知、旅游的方式、旅游的趣味都在发生变化, 他们不再满足于常规的游山玩水, 而是开始追求那种超常态、超愉悦的生活经历, 并以此产生更加深沉、更为高尚的旅游动机, 所以在立体化的汉语言文化空间中进行遨游就成为当下的一种时尚。于是只要是可以开发利用的汉语言文化资源都被慢慢旅游化。不管出于哪方面的原因，都会对文化资源造成无法估量的破坏，这也是缺乏可持续发展思想的表现。

虽然说现代化是当今世界上所有贫困、落后的国家及地区通往繁荣富裕的一条光明大道，但是它不应该以一个国家的历史文化为代价。早在 20 世纪 50 年代初，北京市进行市政建设和道路改造时，就有人以不利于城市道路建设为理由，强烈主张拆除北海团城。当时著名的建筑学家梁思成听到这一消息后怒不可遏，他认为按照这个说法，不如干脆推倒团城，将三海填平后修一条马路直接通行过去，无须多加讨论。周总理听闻后，亲自前往进行勘测，后来做出了将中南海的围墙南移、将马路转个弯的决定。就是这一决定，救活了经历了元明清且从辽金时代开始就是王宫的一部分，一直被保存至今的世界上最小的"城"。同时国家制定了"重点保护、重点发掘，既对文物保护有利，又对基本建设有利"的政策方针，然而可惜的是这个政策至今都没能被很好地执行。

在对汉语言文化资源不断开发利用的过程中，很多封闭了千百年的历史遗址、文化资源及自然山水等，都被一个个启封、曝光，造成很多人文景观以及其他的文化资源类型逐渐浅薄化和粗俗化，在功利化的过程中遭受到破坏和践踏，甚至被湮没，仅仅为了一时的经济利益就牺牲掉无法再生的历史文化积淀和山水。例如，八达岭长城、五岳之首泰山都被联合国列入《世界遗产名录》，也是我国著名的风景名胜和人文景观，但是一些部门却在上面铺设索道，为了施工方便还将泰山山顶日观峰的一侧炸掉一片，还在古代帝王进行登山祭天和设立祭坛的位置搭建起了娱乐城，这种行为无疑对世界遗产和历史文化资源造成了极大的破坏。

4.1.2　坚持经济效益与社会效益并重

对经济效益的追求是所有经济活动的根本目的及动力所在，因此在对汉语言文化资源进行相关产品开发时，首要的目的就是要通过对资源的物态转换来实现其经济价值。与此同时，我们也要看到，汉语言文化资源也是一种特殊形式的资源，它自身的功能和作用并不仅仅是在区域发展过程中充当经济角色，它还能同时兼具民众教化、文化传承、塑造地方形象等各种社会功能。单纯追求经济效益,不但不利于汉语言文化资源所具备的社会功能的发挥,还容易造成对汉语言文化资源的浪费以及对汉语言文化资源利用开发时的片面化、简单化和粗放型经营理念和思想泛滥。因此,在对汉语言文化资源进行产品开发的过程中,需要坚持经济效益与社会效益并重的原则,这既是全面体现汉语言文化资源的自身价值以及全面发挥其功能作用的现状要求,又是社会文明进步及科学和谐发展的时代要求。

针对不同的汉语言文化资源,对其开发的原则是不同的,就我国的旅游文化资源来说,它的主要原则可以分为以下五种。

一是主题性原则。即人们通过对旅游文化进行综合评价,让旅游文化资源本身所呈现的特征得以充分显现,形成旅游活动的主题,并有意识地对其进行开发,打造出具有旅游吸引力的形象,并让它具有独特的风格面貌,使其主题突出,这是主题性原则的基本要求。

二是独特性原则。不同的旅游文化资源都有其独特的特色,而对旅游文化资源的开发,是要将这种独特的特色合理开发出来,保护和发展每个地域特有的旅游文化资源特色,只有打造出特色才能使其具有吸引力,才能更加彰显其文化价值,并做到"人无我有,人有我优,人优我特",切忌人云亦云、盲目跟风。

三是保护性原则。对旅游文化资源进行开发,主要目的是要服务于民众生活,所以合理利用和充分保护必须统一起来。那些只为追求眼前的经济利益,在不具备条件的前提下,对旅游文化资源进行破坏性开发的行为是不被允许的。部分旅游文化资源具有可再生性,而也有部分则不具有可再生性,例如古民居和古村镇等。

四是统筹性原则。对旅游文化资源进行开发是一项极为复杂的系统工程,所以必须坚持统筹规划的原则对其整体协调。统筹性原则主要涉及一些相关文化学科和经济部门之间的协调配合,又与旅游文化资源的内容和形式有关,其本身要和环境和谐统一,还包括一些辅助部分,例如服务设施和基础设施的配套,因此,对其进行管理规划非常重要,如果其中某一个方面做得不好,就会影响到整体的效益。

五是经济性原则。对于旅游文化资源的开发,需要考虑其经济效益和使用价值。经济性原则和旅游文化资源的吸引力是密切相关的。通过对旅游文化资源进行合理开发,能够增强地域旅游吸引力,而只有能吸引到足够多的游客,才能更好地对旅游文化进行传播，从而获得更大的经济收益。这两者是相辅相成的，一个地区的旅游文化资源的开发如果产生不了经济效益，也是不可能得到好的发展的。

4.1.3　重视传统文化和现代文化的融合

现代化建设主要是为促进社会进步及提高人们的生活水平，但现代化也不是无本之木、无源之水，传统汉语言文化积累的人类文明成果奠定了我国现代化物质基础和精神基础。汉语言文化是我国五十六个民族和五千年悠久历史文明的象征，它的内聚力和独特性是不同民族立身于世界的重要资本。在各个国家之间的较量和竞争当中，汉语言文化逐渐成为我国综合国力的重要考核内容，也是我国现代化建设的重要历史基础。社会经济的快速发展只能为我们解决基本的生存问题，但是怎样才能更好地生存，更有价值地生活，让自我价值得以更广阔的拓展，并发展出新的人文精神，则需要在原本的人文资源基础上，发展艺术和文化。合理利用和开发人文资源能够产生新的人文主义精神，也可以创造出新的经济价值，这是因为现在人们不但需要丰厚的物质享受，还需要高尚的精神享受。

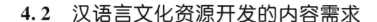

4.2 汉语言文化资源开发的内容需求

中国对外的语言文化交流活动在公元前开通陆上丝绸之路后就已经开始了。在21世纪初期的今天,各个国家之间的竞争不断扩大,因此,汉语言文化的对外传播又被赋予了新的使命。为了加强国家的文化软实力,中国文化必须要"走出去"。在"一带一路"倡议的背景下,我国开创了全面对外开放的新局面,既能够促进"一带一路"沿线国家的经济发展,又能够带动沿线国家的文化交流。但是,在西方各个国家的文化传播竞争下,各国对中国经济快速发展进行压制,让中国文化更快"走出去"受到了重大挑战。

国家发改委、商务部、外交部于2015年3月联合发布了《推动共建丝绸之路经济带和21世纪海上丝绸之路的愿景与行动》,以"一带一路"沿线国家共同繁荣发展作为目标,坚持"政治自信、经济融合、文化包容"。通过"一带一路"的倡议将新鲜的活力注入中国汉语言文化传播当中。在党的十九大报告中,习近平再次强调了要坚定文化自信,"加强中外人文交流,以我为主、兼收并蓄。推进国际传播能力建设,讲好中国故事,展现真实、立体、全面的中国,提高国家文化软实力"。另外,"一带一路"中的经贸合作也对人才储备和语言服务有着大量需求,这也为汉语言文化的传播提供了巨大动力。正是在国家的高度重视下以及"一带一路"建设的现实需求这两个因素的共同作用下,汉语言文化传播迎来了新的机遇。

4.2.1 VR技术与汉语言口语教学相结合

(1)基于视觉—空间智能下的VR汉语言口语教学。霍华德·加德纳在其多元智能理论中强调视觉形象是我们认识世界的一项重要手段,因此在学习第二语言时,可以利用电影等为受众提供视觉空间化的教学环境材料促进来学习，这样能让拥有视觉学习能力的学生获得更加显著的学习效果。加速学习理论证明，将外界环境作为刺激能够快速提高学习的质量和速度，与此同时，人类对于外界环境的感知又能够指导及促进我们形成长期记忆。因此，通过换位来对视角进行改变后，就能营造出一种新鲜感，在 VR 的虚拟世界中，学生要进行身体的位移才能有效完成情境交际，因此要想知道下一个场景是怎样的，学生就要自主地进行语言的学习，从而取得事半功倍的学习效果。

（2）动觉智能下的 VR 汉语言口语教学。在一些汉语言的口语教学中，动觉体验也是不可或缺的，VR 虚拟现实体感手柄能让学生在安全的环境中进行体感的学习，并通过真实的感受快速掌握应怎样用汉语完成交际合作。

（3）沉浸式教学下的 VR 汉语言口语教学。沉浸式教学是将学习者完全放置在第二语言环境中进行学习，尽最大可能减少母语的阻碍。在 VR 汉语语言环境中，学生只能用汉语完成虚拟现实中的学习与交际任务，这样会大幅度提高学生的汉语口语表达水平，也能提高其学习汉语的热情和兴趣。

对外汉语口语 VR 教学模式的特点如下。

一、形象化

课堂游戏练习是对外汉语口语教学，尤其是初级口语教学中必不可少的部分。但是，以往的对外汉语课堂游戏过于程式化，课堂痕迹很重。教师在进行游戏设置时，往往会出现三种情况：第一种是游戏过于复杂，学生听不懂，无法进行；第二种是游戏过于简单，学生虽然上手快，但也会很快失去兴趣；第三种是游戏设置呆板，学生对游戏持排斥态度。VR 技术可以将游戏和真实相结合，让学生真正进入教学游戏的角色中，和虚拟现实中的各种人进行真实的对话练习，由被动学习转为主动学习。

二、增强实效性和安全性

在以往的对外汉语教学中，教师只能口授或播放一些多媒体视频来增强教学效果，所讲的内容不可能都令学生动容。学生可能会提出一些难以解释的问题，导致课堂陷入被动局面。VR 技术可以突破时间和条件的限制，还原事件或口语训练场景。如高级班的学生在学习古代汉语时，教师可以设置相应时代的虚拟现实，让学生与"古人"对话。学生通过视觉、听觉、触觉的交互感应，有了对逼真场景的体验，高级口语的学习将会事半功倍。他们认为，在这种环境

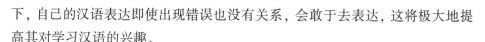

下，自己的汉语表达即使出现错误也没有关系，会敢于去表达，这将极大地提高其对学习汉语的兴趣。

此外，VR 具有无可匹敌的教学安全效果。真实情境中存在的不可知因素太多，教学活动的安全性、可操作性会大大降低。有些场景的构建需要消耗大量的人力、物力，教学成本太高，不易实现。如果学生在学习新的汉语口语知识后直接进入 VR 虚拟现实世界进行操练，情况则会大为不同。VR 世界里的所有对话基本上都是在真实的语言环境中的常用语言。开始训练时，学生可能会产生不适应的感觉。但经过教师的简单提示后，学生会渐渐熟悉不同的会话场景与会话角色，并能够运用所学知识完成虚拟现实世界中的交际任务。这种方式不仅能激发学生学习的兴趣和用汉语进行表达的欲望，还会让汉语交际操练活动的训练效果得到显著提高。因此，对外汉语口语 VR 教学模式，就是以创建的虚拟现实世界为依托，以沉浸式、情境式理论为基础，学生在三维空间中实现视觉、听觉和动作的交互，从而进行汉语口语的有效学习，提高学生学习兴趣的全新教学模式。

三、成本降低

无论是海外的孔子学院，还是国内各大学的国际教育学院，在对外汉语教学方面一直提倡多种教学法的综合使用。好的 VR 设备能降低投资成本，弥补教学设备的不足，让学校不再受制于地域或资金的限制。逼真的实训效果可以让学生沉浸其中，享受学习的乐趣。VR 教学模式打破了传统教学模式的壁垒，将情境式教学发挥至极致，弥补了传统教学模式的局限和短板，使课堂变得更加生动有趣，提高了对外汉语口语的训练和学习效果。

4.2.2　VR 技术与对外汉语文化教学相结合

计算机多媒体技术对于语言教学的辅助和传统的语言教学相比具有明显的优势。而 VR 技术和传统的多媒体技术相比，则更具新一代计算机技术的优势，它能为汉语言文化的学习者创造一个三维虚拟环境。因此，我们可以借助 VR 技术更好地进行汉语言文化教学，例如在对某个成语进行解释时，可以根据成语的历史典故，结合 VR 技术制作一个三维立体动画，学生只要戴上 VR

设备，就能亲身体验这个成语的含义，并且能加深对于该成语的印象。这样不仅能帮助学习者更好地去理解成语的含义，还能让他们对成语所蕴含的文化内涵有所了解。另外在课文中如果提到某一个历史文化遗迹，教师因为金钱及时间成本的考虑，常常不能带领学生到现场参观，在传统的汉语言文化教学中，教师往往是展示或播放相关图片或视频，让学生对其有个大概了解。但是通过 VR 技术，教师可以播放一段 360°全景视频，学生戴上 VR 眼镜后，就能体验到 VR 技术带来的代入感和沉浸感，能够身临其境地在历史文化遗迹中游览，如果硬件设备允许的话，学生还能真实"触摸"故宫的老城墙，感受城墙六百多年的历史。

以下是 VR 技术在对外汉语文化教学中的应用过程。

一、课程导入环节

在对外汉语文化课堂导入环节上使用 VR 技术。例如上文所提到的，一篇课文中可能会提及某个地点或者景点，教师就能通过对该地方进行介绍来激发学生的学习兴趣。VR 技术作为一种新颖的多媒体形式，比平面资源更能吸引学习者的注意。

二、文化介绍环节

在专门的文化课上也可以使用 VR 技术教学。如介绍中国传统春节节日习俗时，可以让学生通过 VR 技术体验中国人过年时的氛围，教师通过 VR 设备，把学生带入到虚拟环境中，让他们在中国与中国人一同"过春节"，对于海外的汉语言学习者而言，不在中国也可以感受中国传统节日的魅力。现在，VR 技术已经可以让人感知到听觉、视觉及触觉，通过人工智能的帮助，学生能在虚拟环境中和场景中的人进行交流，甚至能进行"亲手"包饺子或吃年夜饭等活动。总的来说，VR 技术能让文化知识变得更加具体化、立体化。

三、文化拓展环节

在对课后知识进行拓展时也可以运用 VR 技术。在这一环节中，大多都是凭借学生的个人兴趣，例如学生对某一文化知识非常感兴趣，就会对其进行相关资料的查找，进行深入了解。若这一文化知识点能够用 VR 技术来呈现，教师就可以利用相关的 VR 视频来引导学生，提高他们的学习兴趣。VR 技术能把汉语言文化学习者带入虚拟空间，让他们沉浸其中，并和虚拟环节进行交互，激发学生学习汉语和中国文化的兴趣。尤其对于海外的汉语言文化学习者来说，虽然不能亲自到中国感受当地传统文化，但是 VR 技术却为他们提供了能和中国文化亲密互动的机会。同时，VR 技术还能够弥补线上教学缺乏交互性的不足，加强课堂的沉浸感，让学习者能够隔着屏幕感受课堂的氛围。

4.3　基于 VR 技术的汉语言文化资源应用实践

4.3.1　VR 技术与汉语言口语教学相结合的具体应用

一、根据汉语言口语教学内容编写剧本

确定本课的重点构建场景为购物场景后，确定场景中的设施及相应参数。VR 教学脚本必须注明以下内容：设施的位置；光线明暗度的设置；人物位置；形象贴图、动作位移大小及方向的设置；各个设施场景的实际参数。在位置方面，以某专卖店进行设施位置的设置举例，人物的位置在柜台的后面，语言动作的触发点设置在柜台前。学生进行体感交互时，走到柜台前即可触发语言动作的产生，从而与虚拟店员进行交流；在光线的明暗度方面，一般对交际时需要的商品采用较强的光线，使学生在训练中知道这个物品是必须跟虚拟店员完成交际才能买到的商品；在人物形象设计方面，教师应注明采用网上哪些超市店员的贴图与 UE4 引擎中的人物骨骼进行绑定。同时，教师也要将虚拟店员的五官、身高、衣着风格等信息标注清楚；在人物动作的精度方面，教师应掌握虚拟店员的动作应该细致到什么程度，比如虚拟店员是用四根手指还是用两根手指拿东西。虚拟商店属于小场景，因此不需要太大的参数。在参数方面，教师要以 UE4 引擎中的人物角色高度为基准来测量场景、物品的宽度，注明设置的场景高度不得超过 1 米，还要将虚拟场景中地面设施的格局设置写清楚，墙体的长宽高比例参数与地面的长宽度应相同。各方面的材质应在脚本中写清楚，以营造逼真的虚拟世界。

注明采用 C＋＋ 语言编辑课文，给场景中的各个虚拟现实建立起逻辑关系，使学生进入虚拟场景后即可听说需要掌握的句型、生词等。注明加入声

轨。学生在进行训练时，需要通过头显设备和 OSSIC X 耳机确定声源位置，才能进一步与虚拟店员进行交流。因此，在虚拟现实中需要加入声轨。加入声轨时需要注意两点：一是让学生有逼真的体验，对话时采用生活化用语；二是保证学生听到的是纯正的普通话。在 VR 教学视频拍摄之前，教师应该根据汉语言口语教学内容来编写对应的故事剧本，并将教学内容隐藏在相对完整的故事逻辑当中，所以教学剧本就是一个工作指令，让拍摄者和演员都能根据剧本进行有效的拍摄和表演。

二、确定教学视频的演员

在拍摄时最好选择中国演员，先让演员提前熟悉汉语言口语的演出剧本再进行排练。行为主义的学习理论基础主要是刺激—反应理论，而学习则是刺激及反应建立直接联结再通过强化形成习惯。学生反复观看演出时会模仿演员，这样就能掌握汉语言口语的正确表达方式。因此，演员必须具有一定的表演经验以及教学经验，才能完整地呈现教学的内容和提问的内容。

三、确定汉语言口语的拍摄器材及拍摄场景

目前我们所使用的 VR 教学视频拍摄器材通常是 6 台 GoPro 相机、得图 F4 等。但在拍摄场景中最好能有一些和所学的汉语言内容相关的拓展词汇。而拍摄的场景则最好是中国的现实生活场景，更能加强学生对汉语言环境的感知能力。

四、后期制作

拍摄完成后，教师需要撰写互动的节点脚本，例如汉语言视频中演员什么时候和学习者互动，具体有哪些互动内容，中间的停顿时间大约多长。后期制作人员也需要在互动节点上进行相应的制作，以增强沉浸感。

五、结合现代软件技术合成 VR 教学视频

在完成拍摄后，利用现有的 AVP 来对后期的视频进行拼接工作，在画面调整以后，再利用 UtoVR 等软件对 VR 教学视频进行输出。在制作 VR 汉语言口语的教学视频时，需要注意以下几个方面：一是剧本的撰写需要符合正常逻辑，台词应精练且紧扣汉语言教学内容；二是扩展的词汇通常以 2~4 个为佳；

三是演员需要讲标准的普通话；四是增加互动节点；五是后期制作时特效不能过于花哨；六是视频长度应控制在 5~7 分钟，且教学内容需要符合学生需要；七是注意跨文化的交际问题，拍摄内容不能涉及一些敏感和机密内容。

4.3.2　VR 技术与对外汉语文化教学相结合的具体应用

4.3.2.1　课前自学环节

一、VRChat 学材的建设

学习者课前自学的内容主要依靠学习者与学材的互动完成，原有学材包括情境介绍录音、视频、对话录音、图片式的虚拟背景等。利用 VRChat，我们可以将原有的学材进行"升级"，建设出能够进行沉浸式交互体验的学材，并将之应用于课堂教学。

（1）虚拟交际场景搭建。现有的体演文化教学案例，教师主要通过图片为学习者"构建"情境，虞莉教授特别说明了其很少使用 PPT 的原因：学习者容易反复去看 PPT 图片想象场景，进一步回想情境对话发展的流程。实际上，在课堂教学中，不管是利用图片"构建"交际场景，还是让学生自行想象场景都会产生这样的问题，根本原因还是在于实体场景的缺失，因此我们可以利用 VRChat 创设出需要的交际场景以及延伸场景，包括交际情境所需要的各种"道具"、人物角色的 avatar（虚拟化身）等来提升学习者的角色代入感。体演文化教学法所使用的初中级教材课文情境往往比较集中，大多发生在学校、公司、车站、机场等场所，因此只要完成一次虚拟交际场景的搭建，就可以在今后相当长的学习期内反复使用，尤其是在各种"道具"的准备上，可以为教师节省很多精力。甚至，学习者也可以参与创建一些学习内容，如果学习者能够创建出符合中国文化的学习内容，那么也能证明其对于中国文化的认知并非仅仅是浮于表面的了解，而是内化于心的理解，同时也展现出学习者对于进一步探索中国文化的热情。

（2）教学引导设置。对于中级以上交际场景的建设，可以在进入模拟交际场景前设置一个准备空间，内置情境引导语，帮助学生明确所设置的情境，同

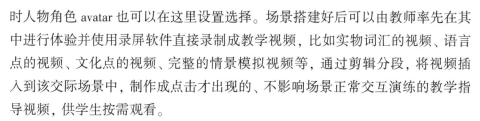

时人物角色 avatar 也可以在这里设置选择。场景搭建好后可以由教师率先在其中进行体验并使用录屏软件直接录制成教学视频，比如实物词汇的视频、语言点的视频、文化点的视频、完整的情景模拟视频等，通过剪辑分段，将视频插入到该交际场景中，制作成点击才出现的、不影响场景正常交互演练的教学指导视频，供学生按需观看。

（3）自测设置。自测设置的目的主要是帮助学习者测试对该场景学习内容的基本掌握程度，以便能够顺利进行下一步的体演，如果学习者能够找到中国语伴直接在交际场景中进行排练的话，中国语伴可以提供一定指导，帮助学习者熟悉该场景的学习材料，实现顺利体演的目的。从某种程度上来说，VRChat中的汉语母语者这一用户群体就是最好的智能学材。在没有中国语伴的指导和支持下，词汇测试、语法测试、功能训练测试及听力理解测试当然也可以设置进 VRChat 中，但从实用性上来说，可以设置但没有必要，自测内容完全可以按原有方式让学生根据自己的需要进行。

二、展示环节

在理想状态下，体演文化教学的展示环节应该在课前通过自学学材完成，但是在非理想状态下，教师也可借助学材进行展示，尤其是通过在 VRChat 中的情景模拟视频来进行示范，或直接借助虚拟现实场景参与情境示范，展示非语言的文化因素（如一些交际行为文化等内容），为学习者提供更多的延伸情境并展示言语应对策略，帮助学习者建立初步的印象记忆。

三、排练环节

在理想状态下，体演文化教学法的排练环节也是由学生在课前完成的，展示环节完成后，学习者可以在该交际场景内进行排练，将排练转至线上对大多数学习者来说能让排练时间、排练对象都更灵活，学习者们可以邀请同学一起排练，也可以在 VRChat 内邀请一些中国朋友参与排练，有场景的沉浸式排练必然比无场景的"自导自演"更丰富有趣一些。如果学生排练组别较多，VRChat 同一地图场景的分房间模式将发挥作用，每一组排练的学习者都可以在该场景地图下单独开设一个房间，邀请同学或中国朋友进行排练。此外，如果愿意录制自己的排练过程，也可以通过录屏软件进行录制，然后复盘排练视频，查找不足。在非理想状态下，排练环节可以由教师带领在课堂上使用

VRChat 虚拟交际场景分片段进行排练，随机提问，逐一纠音，共性问题则集体纠音。

4.3.2.2　课上体演环节

一、热身环节

热身环节一般为理想状态下课堂的第一环节，主要通过理解性问题来导入场景，帮助学习者理清人物关系、提示重要情节及表情动作、梳理情境对话发展脉络、练习本课生词、复习近期所学词汇及语法点等。在体演文化教学案例中，老师偶尔会结合图片来进行提问、导入场景，运用 VRChat 所建设的学材，老师可以借用录制好的情景模拟视频来进行提问热身，通过播放情景模拟视频进行热身可以再一次帮助学习者重温情境对话过程，以便后续的体演顺利展开。

二、体演环节

课堂上的正式体验环节，完全可以在该交际场景内进行，经过前两个环节的适应，学习者会更熟悉该情境及流程，甚至在中国朋友的"指导"下有所拓展发挥。如果是在线下课堂，可以由主演者戴上 VR 设备进入 VRChat 中的虚拟交际场景，他们不会受到现实课堂的任何干扰，可以更专注地进行交际体验，性格内向的学生也不会因为被"观众"注视而感到紧张；如果是线上课堂，使用 VRChat 能够获得"另一个人就在身边"的心理体验，这已经是一种极大的提升，何况学习者们还能在虚拟的交际场景中开展这种"面对面"的交际练习，相较于当前体演文化教学线上"体演"的难度——在本就需要想象场景的难度基础上再打开摄像头进行"隔空"体演，VRChat 提供的沉浸式代入感对于学习体验的提升更加明显。

三、评估环节

体演文化教学法往往在学习者体演结束后进行统一评估，而这时学习者很有可能已经忘记刚刚在体演时自己是怎么说的"台词"了。其中是否有口误？评估更正后学习者是否能记住刚刚所犯的错误？是否能够保证下次不再犯错？通过 VRChat 进行体演，我们可以借助录屏软件记录下每一次演练及评估反馈，如果有时间可以边快进回放边进行评估，也可以将演练录像返还给学习者，帮助其建立视频学习记录，以供课下自行复盘、查缺补漏使用。

在期末教学成果评估上，VRChat 可以提供场景串联式的模拟演练，比如在去朋友家做客之前，需要先去商店购买"见面礼"；在接到出差通知后，需要确认行程，订购机票，然后到达机场候机，候机时再偶遇一位中国人互相聊上几句……通过这种场景的串联，可以多方面考查学习者在各个场景下的语言运用能力。如果教师的时间精力有限的话，甚至可以创造性地开展串联场景、多角色大型模拟演练，期末评估方式也可以由原来的教师参与每一个学生的评估演练，变成教师线上"观演"评估或通过模拟演练视频录制，在演练结束后观看并给予评估。

四、回顾拓展及语法演练环节

评估环节结束后，教师往往还要再进行一轮内容理解性的提问，检查学习者是否真正理解了对话、能否换一个角度叙述，对相关情境的文化知识及言语表达进行一定的总结或拓展，然后对新学生词及语法进行复习和拓展演练。体演文化教学法中所有的拓展内容也都要设置情境，包括人物角色的变换、场景的变换、道具的变换等，在当前体演文化教学中往往会出现情境转换时学生无法及时代入的情况，利用 VRChat 我们可以提前设置好拓展延伸的场景、人物角色 avatar、道具等，在这一环节时直接跳转到新的场景，让学习者直接选择人物角色 avatar，开展基于情境的沉浸式练习。

4.3.2.3 课后实践环节

在海外进行教学时也同样面临缺乏可供实践的社会文化语境的问题，尽管在课堂上的演练次数非常多，但还是同汉语母语者进行交流更有效。既然 VRChat 中有中国玩家群体，我们就可以充分利用这一语言资源，尤其是在海外汉语学习缺乏这种语言环境的情况下，在课堂演练及评估后，尽可能地去跟中国人交流"运用"，如果中国玩家愿意配合演练，那是最幸运的事情，如果不愿意配合演练，也可以通过与其交流相关场景的表达来进行拓展训练，比如以到中国人家里做客为情境，若中国人不愿意配合演练，学习者可以通过普通的聊天来加深对中国人的"待客之道"的认知，询问：去中国人家里做客是不是一定要带"见面礼"？在中国人家里吃饭，是不是主人都会劝客人多吃点，再吃点？

主人是不是都这么热情？应该怎么回应呢？通过这样一系列的询问交流，学习者更能加深在该情境下的文化感知，熟悉该情境下的言语表达等。还有一些情境对话可以迁移至 VRChat 中作为聊天话题进行真实交际，比如初次见面打招呼、问候、进行自我介绍、询问了解对方个人信息、讨论兴趣爱好，或是讨论周末做什么等。只有真正回归实践，与中国人进行真实的交际，才能不断增长技能。

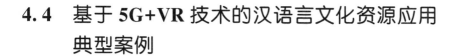

4.4 基于 5G+VR 技术的汉语言文化资源应用典型案例

文化传播的力量不亚于政治、经济对人们的影响。汉语言文化的传播，不仅仅是让更多的人知道中华文化的存在，更是要让人们认可并激发他们对中华文化寻根究底的热情。随着我国经济和综合国力的快速发展，世界各国开始扩大与我国的多方面交流，提升文化软实力对增强我国在国际社会的影响力具有重大意义。在"一带一路"背景下，汉语言文化越来越受到世界人民的喜爱。无论是"孔子学院"的快速发展，还是"汉语桥"日益高涨的国际热度，都在传递着一个信息：汉语言文化备受欢迎。而现有的汉语言文化资源存在着诸多亟待解决的问题，为了与时俱进地增强我国在世界各国的影响力，提升文化软实力，加强汉语言文化资源的应用是关键。

4.4.1 数字敦煌博物馆

敦煌，是丝绸之路历史记忆最为清晰、文化遗存最为丰富的城市。自汉武帝"列四郡、据两关"到现在已有 2100 多年的历史，敦煌一直是古代丝绸之路的"咽喉锁钥"和中西经济、文化的荟萃集散之地。伴随"一带一路"倡议的提出，敦煌文化成为推动汉语言文化交流的重要资源。敦煌石窟内的壁画和彩塑记录着古代丝绸之路上汇聚交融的盛况，吸引众多游人驻足惊叹。

敦煌莫高窟，又被称为"千佛洞"，被誉为我国三大石窟艺术宝库之一，主要以其精美的壁画以及塑像而闻名于世，被称为 20 世纪最有价值的一项文化发现。全世界都高度关注莫高窟就是它所具有的珍贵价值的最直接的体现。从它的历史价值来看，莫高窟的藏经洞里的文物，不仅有大量的宗教文献，还有一些十分珍贵的历史资料，这些都是敦煌悠久历史风貌的缩影。

由于当地的自然原因，莫高窟的彩塑、壁画等文物所处的环境非常脆弱，因此实物的保护难度很大。从 20 世纪 80 年代末期开始，敦煌研究院就着手将石窟艺术进行数字化保护，目前已经完成了对敦煌石窟的 180 多个洞窟壁画的数字化采集，结合三维技术重建了 20 尊彩塑，这种方式比原来对彩塑进行临摹手法要快得多。

敦煌研究院把这些保护措施统称为"数字化保护"。一方面，他们通过数据采集、影像记录，让洞窟艺术得以很好地保存；另一方面，将游览和观赏活动都迁移到洞窟的现实物理空间以外，能尽可能地降低人工活动对洞窟的影响。

在数字化的采集工作更加完整后，敦煌实际开放的洞窟数量就能够得到有效控制。根据敦煌研究院的数据评估，莫高窟如果每年接待的游客达到 200 万人次，他们就将面临极度紧张的局面，而如果达到了 300 万人次，就可能完全承受不了。受病害以及洞窟空间大小的限制，在敦煌 492 个洞窟中，真正适合开放的仅有 120 多个，然而这几年，来敦煌参观的游客数量却以每年超过 20% 的速度在递增。而莫高窟又不可能完全不对外开放，用数字化的形式来满足更多游客的游览需求，成了需要社会所谅解的现实。

当然用数字化的形式来做展览，最主要的目的还是能更好地保护莫高窟。万一发生了地震，或者崖体崩塌了，将原有的莫高窟信息完整地采集下来之后，我们就可以用数字化技术对其加以重建。现有的莫高窟数字博物馆，很多都有高清晰度的数据，最高能达到 600 dpi，也就是说，即使在原尺寸的基础上放大 8 倍都不会失真。

在敦煌莫高窟，游客除了可以进入洞窟游览，还可先去博物馆的数字展示中心"看电影"。该数字展示中心于 2014 年 8 月开始投入使用。观众在数字展示中心可以观看两部影片，一部是介绍莫高窟历史的 2D 影片——《千年莫高》，还有一部则是球幕影厅中的《梦幻佛宫》，这是一部 8K 的高清电影，不仅可以对壁画的细节进行细致呈现，还可以逐尊以及多角度地展示莫高窟中的古代佛像。

最初敦煌研究院在进行数据采集时，其清晰度为 72 dpi，因此只能够作为档案来保存。后来随着数字化技术不断升级，莫高窟洞窟的数据在新的技术条件下得以重新采集，原来采集的低像素图片仍然被保存了下来，因为敦煌的壁画也一直处于变化的状态中，大家最熟悉的莫过于壁画色彩的衰变，而每个时期采集的图像都真实地反映了它当时的状态。

在莫高窟中的一幅唐代壁画上，一条原本有大约 1 mm 宽的线在氧化的作用下可能会变宽到 10 m，而它的颜色也会从肉粉色逐渐变成黑色。在氧化作用下，原本有一千多年历史的莫高窟佛教壁画，例如第 428 窟，在今天看来却变得非常"野兽派"了。而一些位置较低的洞窟，由于很早就被沙土尘封，其色彩的变化要小得多。

在我国经济快速发展的背景下，人们可以支配的资金日益增多，导致旅游业也呈现出空前繁荣的状态。各地的文化馆、博物馆等场地中客容量常常爆满，原本应该认真、安静、细品的那些文化产品，也只能在你推我搡、人声鼎沸的环境中粗略浏览。而敦煌石窟更是不堪重负，大量游客前来游览，不仅对观光体验有所影响，还给游客的安全和健康带来了风险，同时也给敦煌文化展览中心的旅游管理带来了巨大挑战。尤其是在全球新冠肺炎疫情的影响之下，为了更好地保障当地居民及游客的健康安全，就更加需要在公共场所对人流量进行严格控制。在这一前提下，数字敦煌博物馆显示出其存在的巨大意义。

数字敦煌博物馆结合 VR 技术让人们可以足不出户就对莫高窟进行"实地"游览(见图 4.1)，这在一定程度上让博物馆的游客数量大幅减少，同时也让多次曝光对文物的伤害变少了。在 VR 虚拟现实世界中，博物馆有特定的讲解员，这也让游客在虚拟现实中无论走到哪里都会有和产品相对应的历史文化讲解。这样一来，比起过去那种人们地在莫高窟四处瞎逛的情况，VR 技术显然提供了一种更具意义的观光方式，同时也让人们对莫高窟的文化及相关产品有了更深的了解。即便有一些人更喜欢线下的游览方式，这个数字博物馆的存在也能让这部分游客对莫高窟的文化提前了解一遍，从而达到加快莫高窟实景内游客流动速度的效果，也大大增加了单日莫高窟的游客接待能力，在一定程度上可以缓解敦煌博物馆的压力。同时，还可以避免游览人群的干扰，拉近游客和敦煌系列文化产品的距离，游客在数字敦煌博物馆中看到的文化产品比现实参观还要细致些。同时还可以借助 VR 设备来增强游客的体验感。

以下是莫高窟数字化传播模式的基本目标。

第一，实现莫高窟传播和保护之间的平衡。文化遗产不可再生的特性决定了我们对其保护的重要性，而文化传承的必要性又决定了文化传播的必然性。所以，莫高窟的传播和保护应当同时进行，两者缺一不可。从 20 世纪 40 年代起，莫高窟的工作人员就一直在探寻解决传播和保护之间矛盾的方法，随着 5G 时代数字化技术的不断发展及其应用范围的扩大，相关技术指引着莫高窟走上了传播和保护的数字化道路。通过对莫高窟的数字化理论基础、传播现状及技

图 4.1　数字敦煌博物馆

术应用进行梳理，可以总结出莫高窟在数字化传播道路上的发展进程及发展规律，据此努力实现传播和保护的平衡。同时，文化遗产传承和保护也是数字化工作中不可分割的两大使命，保护是文化传承的基础，传承是文化保护的目的，只有处理好这两者之间的关系，才能支撑起文化遗产事业不断繁荣发展，同时满足人们逐步增长的文化需求。但是达到这点不能以损害莫高窟为代价，而是要去寻找莫高窟传承和保护的最佳平衡点，且必须作为莫高窟数字化建设进程的首要目标，将其贯穿始终。

　　第二，保持莫高窟文化艺术的传承性和永续性。文化遗产是先辈们为后人留下的一笔十分重要的财富，它再现了当时的繁华盛世景象，同时也见证了社会历史的沧桑变化。文化艺术的传承性和永续性是文化延展的长度，它体现出了文化那种生生不息的活力。怎样更好地去实现莫高窟文化艺术的传播，主要在于传播的技术。而莫高窟的数字化传播是时代发展下的产物，它符合新时代与时俱进的发展要求。因此将文化艺术永续传承当作目标，再配合有效的传播方法和手段，构建出适合莫高窟的数字化传播模式，才是我们对其研究的意义所在。从这一点来看，保持莫高窟所具有的文化艺术的传承性和永续性，是我们共同的责任与担当。

　　第三，提升莫高窟文化艺术传播的深度和广度。对莫高窟进行数字化传播带有一种文化遗产传播的特性，也是"寓保护于传播"的科学传播方式。国家和政府对莫高窟数字化传播方式的关注，主要源自对文化遗产传播和保护的双重重视。莫高窟作为世界性的文化遗产，需要创造机会让全人类都可以通过这种方式去感受灿烂的敦煌文化，而数字化技术使这一目标成为可能。敦煌研究院相关人员曾经指出：敦煌的数字化保护工作目标主要就是实现"世界遗产，人类共享"，这一点作为莫高窟得以数字化传播的远景和目标，不仅反映出敦煌研究院的学者和海外热衷于敦煌学研究者的共同愿望，还反映出全世界人民都渴望共享敦煌文化遗产的美好愿景。随着敦煌莫高窟数字化传播技术的进步及完善，还有相关的数字化传播项目的建成，敦煌莫高窟文化艺术传播之深度及广度将不断提升，最终实现全民共享莫高窟的文化遗产的目标。

4.4.2 春节联欢晚会

春节是中华民族最重要的传统节日，随着科技的发展，VR 技术也走入了春节联欢晚会中。人们可以通过佩戴 VR 技术头盔，置身于特定的场景之中，再自主选择观看的角度，参与到信息交互之中，产生一种身临其境的感觉。在 2017 年的央视春节联欢晚会中，虚拟现实直播为当晚的节目增添了多感官性、交互性、沉浸性和构想性的特质，带来了与传统的电视直播完全不同的体验。VR 直播也成了电视业的下一个风口。

2016 年被许多人称为"VR 元年"，这一年，VR 直播在各种电视综艺节目中应用得越来越多。百事可乐在 2016 年开始尝试 VR 演唱会的直播，这样一来，歌迷们不再需要因一票难求而感到心碎，也不用再因遥遥相望而留有遗憾，只要戴上 VR 眼镜，就能穿梭于台上台下，畅快淋漓地享受视听盛宴。2017 年的春节前夕，央视播公益广告《新春·新愿》，让观众对 VR 春晚的直播充满期待。在这则广告画面中，年迈的父母头上戴着流行的 VR 一体机，脸上露出惊喜的神情，VR 技术打开了新的"视界"。2017 年中央电视台春节联欢晚会上的一个亮点就是 VR 直播。观众可以在家里戴上 VR 眼镜，并下载央视客户端，来观看 VR 版的春晚，并体验春节晚会现场的奇妙和精彩。

从 2010 年开始，央视就尝试使用 VR 技术。2012 年的春节联欢晚会上《万物生》《因为爱情》《叫一声爸爸》的舞美，2013 年春节联欢晚会上《十二个生肖》《春暖花开》的舞美,2015 年春节联欢晚会的虚拟现实主持人——吉祥物阳阳、《多远都要在一起》中的场景等,都采用了全息投影和 VR 技术。全息投影作为一种虚拟成像技术,也是利用光学的干涉以及衍射原理,对物体真实的三维图像加以记录并再现,从而产生一种立体的空中幻象。表演者还能和幻象进行互动,共同完成表演。如在 2016 年杭州 G20 峰会文艺晚会演出中,《天鹅湖》节目里的芭蕾舞演员和如同天鹅的幻影共同在湖面起舞,亦真亦幻。2015 年春节联欢晚会节目《蜀绣》中,李宇春 1 人变身"4 人"一起舞蹈(见图 4.2)。VR 技术和全息投影的不同:全息投影技术不用借助任何设备就能让用户看到真实的虚拟图像,甚至对其进行操作,而 VR 技术则需要借助头戴式眼镜或其他设备,通过传感器来追踪用户的手势、声音等,从而为用户构建一个虚拟的场景。

图 4.2 2015 年春节联欢晚会节目《蜀绣》

在 2017 年,春节联欢晚会的高科技技术应用得到再一次升级,启动了一次最大规模的 VR 直播。由 VR 制作团队在化妆间、演员入口、演员过道等处放上 4 台全景摄像机,以央视的一号演播厅为中心,再设立上海、凉山、哈尔滨、桂林四个分会场,通过央视综艺春晚、央视影音和央视咨询三个 App 移动客户端,为观众全方位呈现高清的 VR 影像。这一年的 VR 直播为大家呈现出一个全景立体的虚拟空间,当人们走入这个空间时,就仿佛到了真实的世界里。如2017 年毛阿敏和张杰对唱的歌曲《满城烟花》中,高科技元素的运用加上歌手雄厚的实力,意境优美的词曲,让这首歌成为当年春晚收视率最高的节目。央视还采用 LED 特效来营造出绚丽的烟花效果,50 架无人机时而变成灿烂的烟花在天空中绽放,时而变成飘扬的雪花浮于天空。观众从电视屏幕中能看到一个个亮点,凭借 VR 技术,追踪这些无人机"萌宠",该环节颇具情境感染力和视觉冲击力,我们在全景的空间中能产生和平面构图完全不同的感受。

在 2017 年的央视春节联欢晚会中,桂林分会场被评为最美的创意山水舞台。该会场紧扣"水元素"的特色,将桂林实景和舞美造型融为一体,表现出桂林山水的灵动和秀美。象鼻山、訾洲岛连成一片,共同作为舞台的背景,可视范围达到了 1.2 万平方米。央视的 VR 制作团队选取了正阳街东巷历史文化街区、逍遥楼、象山水月、少数民族风情、漓江渔火及桂林的新面貌和新成就,为观众"零距离"展示这座城市别样的魅力。演员横跨 220 米江面的威亚表演令所有观众叹为观止,还有 32 只漂亮的"金凤凰"翩翩起舞,从天而降,让人沉醉。尤其是当人们戴上 VR 眼镜步入桂林晚会的实景舞台时,那梦幻的山水、舞台的灯光、现场的音乐、情感的互动、演员的表演等,让大家都沉浸于艺术的美感之中。一支舞蹈《清风》显得格外清新典雅,荷叶、水、蝴蝶、莲花及银树等构建出一场美到极致的视觉盛宴。舞台光效逐渐由蓝色转变为桃红、绿色,在电视机的二维平面上,我们能看到的仅仅是构图和色彩上的变化,而 VR眼镜却能把人们带到那个蓝色的神秘世界里,让大家来感受春天那种绿色的气息,再被桃红色的喜悦和烂漫包围,人们的情绪也随之高涨,随着节奏与哼唱慢慢沉浸到舞蹈的意境中,"我"即舞者。

汉语言文化国际传播是一项长期的、持续的工程。"一带一路"倡议不仅是一条和平发展之路,也是一条汉语言文化国际交流之路,它为汉语言文化国际传播带来新的机遇,也提出了更高的要求。面对机遇和挑战,我们应该放眼世界,立足自身,全面推动汉语言文化国际传播,依托"一带一路"合作平台,加强与"一带一路"沿线国家的交流,把汉语言文化国际传播融入经济、政治、社会、文化以及民生等方面,努力满足"一带一路"沿线国家经济和社会发展对汉语言的需求,全方位、多层次、立体化推进汉语言文化国际传播,为构建人类命运共同体做出贡献。

4.4.3　第二人生

第二人生(Second Life)是美国林登实验室于 2003 年推出的大型多人在线 3D 网络虚拟世界,是目前国内外基于虚拟现实场景开展语言教学与研究的重要基地之一。Second Life 就其本质而言,是一种网络虚拟社区。与其他类型的虚拟社区不同的是,Second Life 秉承 Web2.0 时代"用户参与创作"的理念,即用户既是使用者,又是生产者。Second Life 的开发工具不仅对管理者开放,也向所有用户开放。用户只要付费租用相应面积的虚拟小岛,就可以任意定制自己需要的三维虚拟环境。因此,Second Life 也可以被视为一种三维虚拟环境模拟平台,借助该平台可以实现用户的各种自由想象和创意,进行自主设计。为此,Second Life 提供了一整套功能强大、操作简单的林登脚本语言,使用户借助菜单即可快速定制一个虚拟环境。Second Life 的这种理念极大激发了网民的创作热情,一个又一个富有特色的虚拟环境被创造出来。随着 Second Life 的影响力日益增大,越来越多的教育机构认识到了它的教育价值。据林登实验室统计,截至 2013 年,全球已有 700 多个学校或教育机构入驻 Second Life,创建了自己的虚拟校园、图书馆、虚拟课堂,其中不乏一些全球知名院校,如剑桥大学、哈佛大学等。

2007 年,密歇根州立大学孔子学院的教师和专家们在 Second Life 中修建了第二人生中文学校。该中文学校包括虚拟的办公室、公寓、餐馆、茶室、商店、教室、图书馆和停车场等。2008 年,第二人生中文学校开设了中文 101 和 102 课程,修习该课程的学生可以在现实世界里得到相应的学分。在第二人生中文学校里,强调按照社会学习理论进行语言学习,侧重在虚拟环境中进行文化生活体验,通过体验诸如公寓拜访、品尝绿茶和菊花茶、参加宴会、购买玉石馈赠朋友等具有浓厚中国文化色彩的社会生活来促进语言的习得,潜移默化地实现语言的社会化。另外,该虚拟环境还提倡进行合作性学习和探索性学习,例如学生会被要求在博物馆中寻找一把迷失的古剑等。美国其他学校的汉语教师也加入了第二人生中文学校的实验研究。2009 年,美国西东大学的陈东东组织了两个初级中文班共 30 个学生进入第二人生中文学校进行教学实验。该项实验为期一个学期,共 16 周。在此期间,学生们需要进入 Second Life 完成八类任务，包括 Second Life 的操作训练，练习发音，寻找汉字及其字根，练习做自我介绍，问对方爱好，做客等。例如，在任务五中，学生需要进入虚拟公寓，亲身体验并学习关于家具、房间物品的词。学生点击虚拟物品，系统出现相应的词拼音及发音，学生练习"这是什么？""那是什么？"等句型。学生的谈话会被系统记录，供教师点评和修正。在实验结束后，教师就学习情况和体会对学生进行问卷调查。结果显示，大多数学生对使用 Second Life 学习汉语表现出了极大的积极性，情境学习的模式有助于学生进行有意义的交流，汉语学习富有建设性、娱乐性和探索性，多数学生建议继续进行类似的教学实验。

澳大利亚蒙纳士大学于 2007 年在 Second Life 购买了一个虚拟岛屿，中国研究系的 Scott Grant 等人在学校的虚拟岛屿上建造了具有中国文化特色的书院，例如书院门口贴有门神图案(见图 4.3)，还建造了茶馆、医务室、旅行社、商业街、蔬菜市场等虚拟设施供情景教学使用。2009 年，中国研究系又建立了一个专门用于中国语言文化学习的岛屿"中国岛"，并在该岛上建立了飞机场、火车站、房地产中介公司等虚拟场所。

图 4.3　澳大利亚蒙纳士大学中国研究系在 Second Life 中建造的中文学习场所

"中国岛"中的教学活动大致可分为三类。一是针对一、二年级初级或中级水平的学生设计的活动，提供接近真实的中国情境让学生练习并拓展在课本中学到的词、句子及文化知识。比如，在学习与交通相关的话题时，学生可以在"中国岛"的火车站、飞机场练习买票、上车、登机，并以电子邮件的方式告知中国朋友自己所乘车次/航班以及到达时间。在与学习身体健康、就医相关的话题时，学生可以在虚拟医务室练习课本中学到的词与句型，练习挂号、填写病历卡、向医生描述症状、听药方、购买药品等活动；二是针对三年级中高级水平的"中文媒体课"，学生需要在 Second Life 采访来自中国、美国、新加坡的说汉语的人。该类活动先在任意地点进行，随后被采访人会被请到"中国岛"专为该课建立的电视采访室接受较为正式的访谈。随后，学生需要把采访内容写成书面新闻报道，在虚拟的电视台录播；三是设立可适用于任何年级的课外聊天室，邀请水平较高的学生在特定的时间段进入聊天室，和其他学生通过声音或文本聊天，帮助初级班的学生练习与课本有关的内容。2008 年开始使用 Second Life 教学以来，中国研究系已有超过 400 多个本科生使用过该虚拟空间学习中国语言文化。

2009 年，美国俄勒冈大学第二语言应用研究中心在 Second Life 中举办了"我的中国村"虚拟中文夏令营活动(见图 4.5)，该项目得到了美国国家安全教育项目的资助。组织此次夏令营的目的是帮助美国中级水平汉语学生进一步提高汉语水平。为此，项目组在全美范围内征集汉语学习者，通过电话测试和水平测试等手段确定学生的汉语水平。同时，项目组还邀请了苏州大学的一些学生做志愿者，协助活动的开展。

夏令营的主题是环境保护，为期四周，每天在 Second Life 中活动两个小时。第一周的主题是水危机。夏令营的参加者相识后，由志愿者为学习者介绍太湖乃至全球的水危机情况，并在虚拟中国村的大屏幕上进行有关水危机的问答。第二周，志愿者模拟采访了苏州官员和市民关于太湖水问题的看法，学习者可以提问，还可以参观 Second Life 里创设的了解生态生活和可持续性发展的虚拟环境。第三周，参加者以小组的形式讨论如何将"我的中国村"变成可持续发展的城市，涉及话题有交通、废物利用、水土利用、低碳排放等。经过充分讨论后，每个小组选出代表进行演讲比赛，项目组聘请了汉语教师志愿者作为评委为小组演讲打分，其他参加者也可以为他们喜欢的小组投票。在讨论中出现的一些富有创意的想法，如风力发电等，可以在"我的中国村"付诸实施。第四周活动的重点是加强夏令营参加者的归属感，引导他们自主进行一些学习活动，使他们成为夏令营真正的主人，以促进"我的中国村"项目的可持续性发展。

图 4.4 夏令营成员在 Second Life 做游戏

4.4.4 心境 VR

心境 VR(Mind VR Exploration)是一款前所未有的学习探索型 VR 应用,用最前沿的 VR 数字科技将中国古典建筑、器物、诗歌、超然的想象共冶一炉,使体验者身临其境,印象深刻。这也是首次将中国古诗词与中国古典建筑园林场景相结合,以填词作答的形式,一一开启那些未知的世界,将体验者置于一个超自然的想象空间中,让人可以用近乎真实的感知去细细体味中国古典文化博大精深的一隅,置身其中,如影如梦,似幻似真。该应用以极尽严谨的考证,全景复原了《红楼梦》中所描述的"潇湘馆",再现了明代中国古典园林、明代家具及生活场景,一器一物皆可拿起端详、把玩,体验者可以用趣味互动的方式,亲手搭建一架中国的"纸鸢",亲笔书写一幅属于自己的书法作品,聆听古人水岸抚琴,穿越时空,直面古人的风采,最后,御风而行,领略超然的中国古典自然风光,抵达下一个探索的节点。

该游戏相较以往传统的视觉表现形式，拥有更高维度的体验感和沉浸感，将以无与伦比的深刻印象，刻在体验者的记忆中。多数体验者也大多因游戏中的细节给予了游戏好评。开发者也认为这种 VR 情境体验类游戏非常适用于中小学兴趣教育类场景，将为体验者(学生)带来颠覆性的学习方式。

图书在版编目(CIP)数据

"一带一路"背景下基于 5G+VR 的汉语言文化传播路径研究 / 李辉熠，王涛，谢景伟著. —长沙：中南大学出版社，2023.4

ISBN 978-7-5487-4681-2

Ⅰ.①一… Ⅱ.①李… ②王… ③谢… Ⅲ.①中华文化—文化传播—研究②汉语—对外汉语教学—教学研究 Ⅳ.①G125②H195.3

中国版本图书馆 CIP 数据核字(2021)第 187160 号

"一带一路"背景下基于 5G+VR 的汉语言文化传播路径研究

李辉熠　王涛　谢景伟　著

□出 版 人	吴湘华
□责任编辑	浦　石
□责任印制	唐　曦
□出版发行	中南大学出版社
	社址：长沙市麓山南路　　　　邮编：410083
	发行科电话：0731-88876770　　传真：0731-88710482
□印　　装	长沙创峰印务有限公司

□开　　本	710 mm×1000 mm 1/16	□印张 11.25	□字数 194 千字
□版　　次	2023 年 4 月第 1 版	□印次 2023 年 4 月第 1 次印刷	
□书　　号	ISBN 978-7-5487-4681-2		
□定　　价	59.00 元		